KB217537

사도행전 2

[개정판]

옥한흠 다락방 시리즈 10

사도행전 2 [개정판]

초판 1쇄 발행 1993년 1월 30일
개정판 1쇄 발행 2009년 4월 10일
개정판 17쇄(40쇄) 발행 2022년 4월 11일

지은이 옥한흠

펴낸이 오정현
펴낸곳 국제제자훈련원
등록번호 제2013−000170호(2013년 9월 25일)
주소 서울시 서초구 효령로68길 98(서초동)
전화 02)3489−4300 **팩스** 02)3489−4329
이메일 dmipress@sarang.org

저작권자 (C) 옥한흠, 1993, Printed in Korea.
이 책은 저작권법에 의해 보호를 받는 저작물이므로 저자와 출판사의 허락 없이
내용의 일부를 인용하거나 발췌하는 것을 금합니다.

ISBN 978−89−5731−359−6 03230

※ 책값은 뒤표지에 있습니다. 잘못된 책은 구입하신 곳에서 교환해드립니다.

국제제자훈련원은 건강한 교회를 꿈꾸는 목회의 동반자로서 제자 삼는 사역을 중심으로
성경적 목회 모델을 제시함으로 세계 교회를 섬기는 전문 사역 기관입니다.

新 옥한흠 다락방 시리즈 10

사도행전2

[개정판]

옥한흠 지음

국제제자훈련원

이 교재 사용에 대하여

제자훈련의 열매는 훈련된 평신도 지도자들이 사역하는 소그룹(구역, 다락방, 셀, 목장)이라 할 수 있다. 소그룹이란 성도간에 아름다운 사랑의 교제를 나누며, 말씀 안에서 영적으로 성숙해가도록 서로 돕고, 믿지 않는 사람들을 초청하여 복음을 나누는 소그룹 단위의 공동체다. 소그룹은 하나님의 말씀에 기초한다. 그러므로 각자의 삶을 드러낼 수 있도록 돕고 변화되어야 할 삶의 목표를 분명하게 제시할 수 있는 좋은 교재가 마련되면 효과적인 소그룹을 운영하는 데 큰 도움을 얻는다. 그러나 분주한 목회자의 입장에서는 직접 교재를 만든다는 것이 그리 쉬운 일이 아니다. 이런 어려움을 해결할 수 있도록 돕기 위해 마련된 것이 "옥한흠 다락방 시리즈"이다.

본 시리즈를 사용하는 데 있어 다음 몇 가지를 참고해 주기 바란다.

1. 이 교재는 소그룹에서 귀납적인 방법으로 성경을 공부하기 위해 만든 것이다. 즉 성경의 가르침을 일방적으로 주입하는 대신 충분한 토의를 통해 구성원들의 생각을 먼저 정리하고 그것을 성경의 가르침과 비교하도록 구성되었다. 결코 해답 베껴 쓰기 식의 공부가 되지 않도록 해야 한다. 서툴더라도 자기 인식과 활발한 토의 참여에 의한 생생한 결론이 나올 수 있도록 해야 한다. 따라서 지도자는 소그룹 환경에서 귀납적 방법으로 성경을 공부하는 것이 무엇인지를 반드시 먼저 배워야 한다.

2. 이 교재는 교역자가 매주 소그룹 지도자들을 먼저 예습시킨 다음 사용하게 해야 바람직한 효과를 기대할 수 있다. 소그룹 지도자는 공부할 내용을 충분히 이해해야 한다.

3. 소그룹에 참석하는 자들은 반드시 예습을 하도록 권장해야 한다.

4. 한 과를 공부하는 데에는 한 시간 이상이 필요하다. 그러므로 각 문제에 따라 답만 찾아보고 넘어가야 할 것과 충분한 토의를 통해 진지하게 적용할 것을 잘 구별해서 진행하는 것이 중요하다.

차례

전도자에게 고난과 능력을 주시다

사도행전 13:42-52

⁴² 그들이 나갈새 사람들이 청하되 다음 안식일에도 이 말씀을 하라 하더라 ⁴³ 회당의 모임이 끝난 후에 유대인과 유대교에 입교한 경건한 사람들이 많이 바울과 바나바를 따르니 두 사도가 더불어 말하고 항상 하나님의 은혜 가운데 있으라 권하니라 ⁴⁴ 그 다음 안식일에는 온 시민이 거의 다 하나님의 말씀을 듣고자 하여 모이니 ⁴⁵ 유대인들이 그 무리를 보고 시기가 가득하여 바울이 말한 것을 반박하고 비방하거늘 ⁴⁶ 바울과 바나바가 담대히 말하여 이르되 하나님의 말씀을 마땅히 먼저 너희에게 전할 것이로되 너희가 그것을 버리고 영생을 얻기에 합당하지 않은 자로 자처하기로 우리가 이방인에게로 향하노라 ⁴⁷ 주께서 이같이 우리에게 명하시되 내가 너를 이방의 빛으로 삼아 너로 땅 끝까지 구원하게 하리라 하셨느니라 하니 ⁴⁸ 이방인들이 듣고 기뻐하여 하나님의 말씀을 찬송하며 영생을 주시기로 작정된 자는 다 믿더라 ⁴⁹ 주의 말씀이 그 지방에 두루 퍼지니라 ⁵⁰ 이에 유대인들이 경건한 귀부인들과 그 시내 유력자들을 선동하여 바울과 바나바를 박해하게 하여 그 지역에서 쫓아내니 ⁵¹ 두 사람이 그들을 향하여 발의 티끌을 떨어 버리고 이고니온으로 가거늘 ⁵² 제자들은 기쁨과 성령이 충만하니라

마음의 문을 열며

두 사도가 비시디아 안디옥에서 펼친 선교는 대성공이었다. 복음의 능력이 얼마나
대단했던지 마치 핵폭탄이 도시 한가운데서 폭발한 것 같은 충격을 주었다. 그러나
여기서도 다른 도시와 똑같이 사탄의 난폭한 저항이 일어났다. 두 사도는 핍박자들
한테 몰려 추방당하고 말았다. 인간적인 생각으로는 핍박의 거센 파도 앞에 나약한
복음의 새싹들이 뿌리까지 뽑혀 버릴 것 같았지만 결과는 정반대였다. 이 세상의 그
무엇도 성령의 능력, 복음의 생명을 꺾을 수 없다는 사실을 다시 한번 증명해 준 멋
진 승부였다.

말씀의 씨를 뿌리며

1 바울이 설교를 마치자 회중은 그에게 무엇을 요청했는가?(42절)

2 바울이 전한 복음의 능력이 얼마나 대단했는가를 43-44절을 가지고 말하라.

3 당신은 최근에 복음의 능력을 새삼스럽게 체험한 일이 있는가? 설교를 듣는 중에, 전도를 하는 중에, 혹은 선교에 관한 독서를 하는 중에 예수의 이름이 정말 대단하다고 느낀 일이 있으면 말하라. 그리고 이러한 은혜를 수시로 얻기위해 당신이 각별히 계획하고 실천하는 일이 있으면 말해 보라.

4 유대인들은 시기심에 사로잡혀 바울의 말을 트집잡아 핍박하기 시작했다. 두 사도는 무엇이라고 응수하였는가?(46-47절)

_____

_____

_____

5 48절을 주의깊게 살펴보라. 조금 색다르게 느껴지는 말씀이 있다. 그것은 무엇인가? 그리고 왜 이렇게 말씀하셨다고 생각하는가?(참고/ 요 6:37, 17:6; 엡 1:4-5)

_____

_____

_____

6 복음의 위력은 먼저 듣고 믿은 자들이 전하는 데서 나타난다. 들은 자는 입을 다물고 가만히 앉아 있지 못한다. 전하고 싶고 말하고 싶은 충동을 억누를 수 없기 때문이다. 바울의 말을 들은 안디옥 사람들이 바로 그런 충동에 휩싸여 있었다. 그들의 입을 아무도 틀어 막을 수가 없었다. 그 결과 어떤 일이 벌어지고 있었는가?(49절, 참고/ 행 4:20)

_____

_____

_____

7 왜 예수를 믿은지 오래 되면 될수록 예수를 전하고 싶은 신선한 충동이 약해지는 것일까? 심한 경우 예수를 이야기하는 것 자체를 부끄러워하거나 피하게 되는 것을 보게된다. 그 이유가 어디에 있다고 생각하는가?

8 핍박자들을 향해 두 사도는 어떤 행동을 하였으며 그 의미는 무엇인가?(51절, 참고/ 마 10:14-15)

9 두 사도는 쫓겨났지만 그들을 통해 예수를 믿게 된 어린 신자들은 기쁨과 성령이 충만했다고 한다. 어떻게 이런 일이 일어났다고 보는가?(참고/ 롬 5:1-4)

삶의 열매를 거두며

예수 때문에 미움이나 핍박을 받아 본 적이 있는가? 이때 안디옥 교인들처럼 성령과 기쁨이 충만해져 핍박도 두렵지 않고 견디기에 힘들지도 않는 것을 체험해 본 일이 있으면 서로 나누어 보라.

구약을 모르는 이방인에게 전도하다

사도행전 14:1-18

¹ 이에 이고니온에서 두 사도가 함께 유대인의 회당에 들어가 말하니 유대와 헬라의 허다한 무리가 믿더라 ² 그러나 순종하지 아니하는 유대인들이 이방인들의 마음을 선동하여 형제들에게 악감을 품게 하거늘 ³ 두 사도가 오래 있어 주를 힘입어 담대히 말하니 주께서 그들의 손으로 표적과 기사를 행하게 하여 주사 자기 은혜의 말씀을 증언하시니 ⁴ 그 시내의 무리가 나뉘어 유대인을 따르는 자도 있고 두 사도를 따르는 자도 있는지라 ⁵ 이방인과 유대인과 그 관리들이 두 사도를 모욕하며 돌로 치려고 달려드니 ⁶ 그들이 알고 도망하여 루가오니아의 두 성 루스드라와 더베와 그 근방으로 가서 ⁷ 거기서 복음을 전하니라 ⁸ 루스드라에 발을 쓰지 못하는 한 사람이 앉아 있는데 나면서 걷지 못하게 되어 걸어 본 적이 없는 자라 ⁹ 바울이 말하는 것을 듣거늘 바울이 주목하여 구원 받을 만한 믿음이 그에게 있는 것을 보고 ¹⁰ 큰 소리로 이르되 네 발로 바로 일어서라 하니 그 사람이 일어나 걷는지라 ¹¹ 무리가 바울이 한 일을 보고 루가오니아 방언으로 소리 질러 이르되 신들이 사람의 형상으로 우리 가운데 내려오셨다 하여 ¹² 바나바는 제우스라 하고 바울은 그 중에 말하는 자이므로 헤르메스라 하더라 ¹³ 시외 제우스 신당의 제사장이 소와 화환들을 가지고 대문 앞에 와서 무리와 함께 제사하고자 하니 ¹⁴ 두 사도 바나바와 바울이 듣고 옷을 찢고 무리 가운데 뛰어 들어가서 소리 질러 ¹⁵ 이르되 여러분이여 어찌하여 이러한 일을

하느냐 우리도 여러분과 같은 성정을 가진 사람이라 여러분에게 복음을 전하는 것은 이런 헛된 일을 버리고 천지와 바다와 그 가운데 만물을 지으시고 살아 계신 하나님께로 돌아오게 함이라 16 하나님이 지나간 세대에는 모든 민족으로 자기들의 길들을 가게 방임하셨으나 17 그러나 자기를 증언하지 아니하신 것이 아니니 곧 여러분에게 하늘로부터 비를 내리시며 결실기를 주시는 선한 일을 하사 음식과 기쁨으로 여러분의 마음에 만족하게 하셨느니라 하고 18 이렇게 말하여 겨우 무리를 말려 자기들에게 제사를 못하게 하니라

마음의 문을 열며

바울과 바나바는 남부 갈라디아 지방에서 복음을 전하는 중이었다. 이 지역의 중요한 도시로는 비시디아 안디옥, 이고니온, 루스드라, 더베 등이 있었다. 도시를 중심으로 선교하는 것이 그들의 전략이었으므로 비시디아 안디옥에서 쫓겨난 두 사도는 자연스럽게 이고니온과 루스드라로 자리를 옮겼다. 이 시간에는 이 두 도시에서 그들이 어떻게 선교하였는지에 배우고자 한다.

1 두 사도가 이고니온에 있는 유대인의 회당에서 복음을 전하였을 때 허다한 사람들이 구원을 받았다. 그러나 사탄의 역사 또한 이에 못지 않게 대단했다. 무엇을 보고 알 수 있는가?(2절)

2 복음을 반대하는 세력이 강하게 일어날 때 이에 대응하는 하나님의 은혜도 그만큼 강해진다. 3절을 가지고 두 사도가 어떻게 시험을 극복했는지 살펴보라. 이를 통해 우리가 배워야 할 점은 무엇인가?

   ○ 오래 있어/

   ○ 주를 힘입어/

   ○ 담대히 말함/

3 복음을 전하기 힘들다고 지레 겁먹거나 소극적인 태도를 취해서는 안된다. 거꾸로 담대하게 맞서야 한다. 반대자들이 두 사도를 당할 수 없게 되자 어떻게 하였는가?(5절)

_____

_____

_____

4 지금도 사탄은 사람들의 마음을 선동하여 교회에 대해, 기독교에 대해 악감을 품게 하는 일을 쉬지 않고 있다. 당신은 전도하면서 상대가 강하게 나올 때 어떻게 하였는가? 두 사도처럼 행한 경험이 있는가?

_____

_____

_____

5 이고니온에서 있었던 것처럼 루스드라에서도 표적과 기사가 사도들을 통해 나타났다. 그 내용은 무엇이었나? 그리고 이를 본 무리들은 어떤 반응을 보였는가?(8-13절)

_____

_____

_____

6 두 사도는 루가오니아 지방의 말을 알아듣지 못했기 때문에 자신들을 신이라고 부르는 줄 몰랐던 것 같다. 나중에 그들이 제사 준비를 하는 것을 보고서야 그 진위를 알게 되었다. 두 사도가 자기들에게 제사를 하려고 하는 것을 보고 왜 옷을 찢고 소리를 질렀을까?(14절, 참고/ 출 20:3; 겔 28:2; 마 4:10)

7 주의 일을 하는 자들이 잘못하면 자기가 하나님이나 된 것처럼 대우를 받으려고 하는 시험에 빠지기 쉽다. 특히 능력 있는 사역자로서 사람들의 인기를 끌게 되면 그런 위험이 더 많이 따르게 된다. '내가 하나님이다' 라는 식으로 말하거나 행하지는 않는다 해도 지나치게 자기의 권위를 내세워 하나님을 섬기듯 자기를 섬기도록 강요할 수 있다. 우리에게는 이런 모습이 없는지 솔직하게 이야기해 보라. 그리고 두 사도의 모습 속에서 무엇을 배워야 하는가?

8 루스드라의 군중한테 바울이 전한 복음의 내용으로 다음 질문에 답하라.

　○ 지나간 세대, 즉 예수님이 오시기 전에는 하나님이 어떤 방법으로 자기를 알게 하셨는가?(16-17절, 참고/ 롬 1:19-20)

○ 지금은 어떤 식으로 자기를 알게 하시는가?(15절, 참고/ 요 14:9-11)

9 바울은 루스드라 사람들이 유대인이 아니고 이방인이었기 때문에 구약
을 가지고 예수가 그리스도이심을 증명하여 복음을 전하지 않았다. 대
신에 우상숭배가 죄라는 사실을 먼저 이야기하고 그 다음에 오직 창조
자 하나님만이 참신이라는 메시지를 전한다. 이것은 우리가 전도할 때
대상에 따라 전도 방법을 달리해야 한다는 점을 일깨워 준다. 당신은 우
상숭배에 젖어 있는 자들을 만나 전도한 경험이 있는가? 그때 어떤 말로
어떻게 전도를 시작했는지 이야기해 보라.

 삶의 열매를 거두며

16절에 나오는 '방임하셨다' 는 말은 오해하기 쉬운 말이다. 눈감아 주었다는 의미
로 볼 수 있기 때문이다. 하지만 이것은 그런 의미가 아니라 오래 참아 주셨다는 뜻
이다. 당신이 예수 믿기까지 하나님은 얼마나 참으셨는가? 당신 주변에서 하나님이
아직도 참고 계시는 자들이 있다면 누구라고 생각하는가? 그들을 위해 불쌍히 여기
는 마음으로 기도하는 시간을 갖도록 하자.

1차 선교여행을 마무리하다

사도행전 14:19-28

¹⁹ 유대인들이 안디옥과 이고니온에서 와서 무리를 충동하니 그들이 돌로 바울을 쳐서 죽은 줄로 알고 시외로 끌어 내치니라 ²⁰ 제자들이 둘러섰을 때에 바울이 일어나 그 성에 들어갔다가 이튿날 바나바와 함께 더베로 가서 ²¹ 복음을 그 성에서 전하여 많은 사람을 제자로 삼고 루스드라와 이고니온과 안디옥으로 돌아가서 ²² 제자들의 마음을 굳게 하여 이 믿음에 머물러 있으라 권하고 또 우리가 하나님의 나라에 들어가려면 많은 환난을 겪어야 할 것이라 하고 ²³ 각 교회에서 장로들을 택하여 금식 기도 하며 그들이 믿는 주께 그들을 위탁하고 ²⁴ 비시디아 가운데로 지나서 밤빌리아에 이르러 ²⁵ 말씀을 버가에서 전하고 앗달리아로 내려가서 ²⁶ 거기서 배 타고 안디옥에 이르니 이 곳은 두 사도가 이룬 그 일을 위하여 전에 하나님의 은혜에 부탁하던 곳이라 ²⁷ 그들이 이르러 교회를 모아 하나님이 함께 행하신 모든 일과 이방인들에게 믿음의 문을 여신 것을 보고하고 ²⁸ 제자들과 함께 오래 있으니라

마음의 문을 열며

바울과 바나바가 루스드라에서 예수를 증거한다는 소문을 들은 유대인들은 백 리가 넘는 길을 단숨에 달려와 난동을 부렸다. 심지어 바울을 돌로 쳐서 치사 상태에까지 빠뜨렸다. 그러나 하나님의 은혜는 원수의 핍박보다 더 강했다. 두 사도는 굴하지 않고 계획대로 선교활동을 끝내고 모교회인 안디옥 교회로 무사히 돌아올 수 있었다. 우리는 본문을 통해 여전히 사탄이 기승을 부리며 활동하고 있는 세상에서 하나님의 나라를 세운다는 것이 얼마나 좁고 험한 길인지를 보게 된다. 다시 한 번 허리띠를 조여 매지 않을 수 없다.

1 돌에 맞은 바울은 어떻게 되었는가?(19-20절, 참고/ 고후 11:25)

2 죽은 줄 알았던 사람이 몇 시간 후에 아무탈 없이 일어나서 정상인으로 활동할 수 있었다는 것은 분명히 기적임에 틀림없다. 바울과 그의 일행은 성령의 초자연적인 능력을 또 한번 확인한 셈이다. 얼마나 새 힘이 솟구쳤을까? 어떤 성경학자는 바울이 돌에 맞아 의식을 잃어버렸을 때 상층천에 다녀오는 기막힌 체험을 한 것으로 보고 있다. 만일 그것이 사실이라면 우리가 배울 수 있는 놀라운 진리가 하나 있다. 고린도후서 1장 4-5절을 가지고 그것이 무엇인지 말해 보라(참고/ 고후 12:1-4).

3 의식을 되찾은 바울은 이튼날 즉시 무엇을 하였는가?(20-22절)

4 바울은 한 주 전에 자기를 돌로 치던 폭도들이 우글거리는 도시들을 돌면서 다시 복음을 전하며 어린 신자들을 격려하고 믿음을 강하게 붙들어 주는 것을 보게 된다. 오늘날 우리는 환란이 무엇인지 잘 느끼기 어려운 세상에서 예수를 믿고 있다. 따라서 22절에서 바울이 언급한 말을 실감나게 받아들이기 어려울지 모른다. 하지만 당시 예수를 믿는 성도들의 입장에서는 조금도 틀린 말이 아니었을 것이다. 왜 그런지 이유를 생각해 보라(참고/ 마 13:20-21; 계 7:14).

5 만일 초대교회 성도들처럼 예수 믿는 것이 곧 세상에서 환란과 핍박을 받아야 할 불행한 운명을 선택하는 것을 의미한다면, 당신은 지금처럼 신앙생활을 할 수 있을 것 같은가? 솔직하게 이야기해 보라.

6 바울은 도시마다 갓 시작된 어린 교회를 돌아보면서 무엇을 하였는가?(23절)

7 초대교회 장로는 오늘의 목사와 장로의 역할을 맡은 지도자를 말한다. 당시에는 교회들이 갓 시작된 터라 장로의 직분을 감당할 만한 인물을 찾기가 쉽지 않았을 것이다. 그럼에도 불구하고 급하게 사람을 뽑아 중책을 맡기고 떠나는 이유가 어디에 있다고 생각하는가?(참고/ 행 20:28-30)

8 당신은 자신의 안전과 건강 그리고 행복을 위해 교회 지도자들의 역할이 얼마나 중요한지 충분히 알고 있는가? 그렇다면 그들을 위해 당신이 마땅히 해야 할 일들이 무엇인지 한번 생각해 보라.

9 오랜 선교 활동을 은혜 가운데 마친 두 사도는 모교회로 무사히 돌아왔다. 그들이 도착하자마자 한 일은 무엇인가? 그리고 이것이 왜 필요하다고 생각하는가?(27절)

삶의 열매를 거두며

두 사도는 안디옥 교회에서 오래 머물러 있었다고 한다(28절). 이것은 선교사나 목회자는 정기적으로 휴식을 취해야 한다는 사실을 일깨워 준다. 당신은 교역자나 선교사들의 잠깐의 휴식을 어떻게 도와주고 있는가? 그리고 자신의 영적 재충전을 위해 어떤 방식으로 휴식을 취하고 있는가?

Lesson **33**

예루살렘 회의로 모이다

사도행전 15:1-21

1 어떤 사람들이 유대로부터 내려와서 형제들을 가르치되 너희가 모세의 법대로 할례를 받지 아니하면 능히 구원을 받지 못하리라 하니 2 바울 및 바나바와 그들 사이에 적지 아니한 다툼과 변론이 일어난지라 형제들이 이 문제에 대하여 바울과 바나바와 및 그 중의 몇 사람을 예루살렘에 있는 사도와 장로들에게 보내기로 작정하니라 3 그들이 교회의 전송을 받고 베니게와 사마리아로 다니며 이방인들이 주께 돌아온 일을 말하여 형제들을 다 크게 기쁘게 하더라 4 예루살렘에 이르러 교회와 사도와 장로들에게 영접을 받고 하나님이 자기들과 함께 계셔 행하신 모든 일을 말하매 5 바리새파 중에 어떤 믿는 사람들이 일어나 말하되 이방인에게 할례를 행하고 모세의 율법을 지키라 명하는 것이 마땅하다 하니라 6 사도와 장로들이 이 일을 의논하러 모여 7 많은 변론이 있은 후에 베드로가 일어나 말하되 형제들아 너희도 알거니와 하나님이 이방인들로 내 입에서 복음의 말씀을 들어 믿게 하시려고 오래 전부터 너희 가운데서 나를 택하시고 8 또 마음을 아시는 하나님이 우리에게와 같이 그들에게도 성령을 주어 증언하시고 9 믿음으로 그들의 마음을 깨끗이 하사 그들이나 우리나 차별하지 아니하셨느니라 10 그런데 지금 너희가 어찌하여 하나님을 시험하여 우리 조상과 우리도 능히 메지 못하던 멍에를 제자들의 목에 두려느냐 11 그러나 우리는 그들이 우리와 동일하게 주 예수의 은혜로 구원 받는 줄을 믿노라 하니라 12 온

무리가 가만히 있어 바나바와 바울이 하나님께서 자기들로 말미암아 이방인 중에서 행하신 표적과 기사에 관하여 말하는 것을 듣더니 13 말을 마치매 야고보가 대답하여 이르되 형제들아 내 말을 들으라 14 하나님이 처음으로 이방인 중에서 자기 이름을 위할 백성을 취하시려고 그들을 돌보신 것을 시므온이 말하였으니 15 선지자들의 말씀이 이와 일치하도다 기록된 바 16 이 후에 내가 돌아와서 다윗의 무너진 장막을 다시 지으며 또 그 허물어진 것을 다시 지어 일으키리니 17 이는 그 남은 사람들과 내 이름으로 일컬음을 받는 모든 이방인들로 주를 찾게 하려 함이라 하셨으니 18 즉 예로부터 이것을 알게 하시는 주의 말씀이라 함과 같으니라 19 그러므로 내 의견에는 이방인 중에서 하나님께로 돌아오는 자들을 괴롭게 하지 말고 20 다만 우상의 더러운 것과 음행과 목매어 죽인 것과 피를 멀리하라고 편지하는 것이 옳으니 21 이는 예로부터 각 성에서 모세를 전하는 자가 있어 안식일마다 회당에서 그 글을 읽음이라 하더라

마음의 문을 열며

이방인 교회가 여기저기에 세워지고 있다는 소식이 전해지자 그리스도의 복음을 대적하고 어린 신자들을 잘못된 길로 유인하려는 거짓 선생들이 나타나기 시작했다. 그들은 이방인을 위한 첫 교회라 할 수 있었던 안디옥 교회부터 먼저 시험했다. 그들은 유대인이면서 예수를 믿게 된 자들로, 그들은 오직 예수를 믿음으로 구원받는다는 복음에 전적으로 동의하지 않고 있었다. 율법을 지키는 것과 예수를 믿는 것을 나란히 놓고 구원받기 위해서는 둘 다 반드시 필요한 조건으로 보았다. 비록 그들은 겉으로는 예수를 믿는다고 했지만 실은 사탄의 앞잡이요 양을 몰고 가는 이리에 지나지 않았다. 그들이 어린 교회들을 돌아다니며 끼친 피해는 실로 엄청났다. 이 시간에는 안디옥 교회가 이 어려운 시험을 어떻게 대처하여 이길 수 있었는지를 함께 배우도록 하자.

말씀의 씨를 뿌리며

1 유대로부터 온 '어떤 사람들'이 안디옥 교회에 와서 무엇을 했으며 그
들의 주장은 무엇이었나?(1절, 참고/ 5절)

2 이른바 여기저기서 가르친다는 자들을 매우 경계해야 한다. 예나 지금
이나 순진한 신자들을 유혹하기 위해 흔히 사용하는 미끼가 성경공부
를 한다는 것이기 때문이다. 당신이 알고 있는 성경공부 모임을 생각나
는 대로 적어 보라. 그리고 그중에서 이미 잘못된 것으로 그 정체가 드
러난 것이 있다면 무엇인지 지적해 보라.

3 왜 할례받아야 구원을 얻는다는 것이 이단의 가르침이라고 생각하는
가?(갈 5:2-6)

4 이단은 교회 안에 들어와서 변론과 분쟁을 일으킨다. 이것은 사탄이 교회를 깨뜨리고자 할 때마다 사용하는 수단이다. 이들로부터 교회를 지키기 위해서 처음에는 교리적인 논쟁을 피할 수 없다. 바울과 바나바가 거짓 교사들과 다투고 변론하지 않을 수 없었던 것은 바로 이런 이유 때문이었다. 그렇지만 오래 끌면 마귀의 술책에 빠지기 쉽다. 무엇이나 장기간 다투게 되면 바람직한 결과를 얻기 어렵다. 놀랍게도 안디옥 교회는 변론을 오래 끌면서 자기 실속을 차리려고 하는 거짓 선생들의 음흉한 생각을 알아차렸다. 그래서 어떤 결정을 내렸는가?(2-3절)

5 당신은 가끔 이단에 빠진 자들이 와서 자기들의 교리를 가지고 당신을 논쟁에 끌어드리려는 수작을 경험한 적이 없는가? 만약 있다면 어떻게 그 위기를 넘겼는가?

6 예루살렘 교회는 당시 최고의 영적 권위를 가지고 있었다. 제일 처음 생긴 교회였을 뿐 아니라 예수님을 모셨던 사도들을 위시하여 예수의 친동생인 야고보 같은 장로들이 교회를 지도하고 있었기 때문이다. 그러므로 어떤 진리에 대해 시시비비가 생겼을 때 이들의 판단을 받는 것은 하나님으로부터 직접 지시를 받는 것이나 다름이 없었다. 지금도 이단을 예방하고 진리를 잘못 가르치는 위험을 막기 위해 교회 지도자들로

구성된 감독 기관이 필요하다. 목사가 제 마음대로 가르쳐도 되는 풍토는 매우 위험하기 때문이다. 우리에게 교단의 울타리가 필요하고, 노회나 총회 같은 제도를 무시할 수 없는 이유가 여기에 있다. 물론 이런 제도 자체가 잘못될 수 있는 소지는 얼마든지 있다. 그러나 나쁜 점보다 좋은 점이 더 많을 때는 유익한 편을 선택해야 할 것이다. 교단이나 노회 같은 제도가 갖는 유익은 무엇이며, 폐해는 무엇인지 당신의 생각을 말해보라.

7 예루살렘 교회는 유대인 성도들로 구성되어 있기 때문에 할례가 큰 쟁점이 될 소지가 거의 없었다. 그들은 태어나서 팔일만에 할례를 이미 받은 자들이기 때문이다. 그러나 할례를 받지 않고 있는 이방인 신자들에 대해서는 의견이 합하지 못하고 있었던 것 같다. 바울과 바나바가 할례 문제를 내어 놓자 사도와 장로들은 이것을 어떻게 다루었는가?(6-7절)

8 사도 베드로가 일어나 말한 내용은 무엇인가? 그리고 장로 야고보는 이에 대해 어떤 의견을 내놓았는가?(7-11, 14-21절)

9 아래의 글은 당시 베드로가 영적 지도자로서 얼마나 겸손했는지를 설명한 글이다. 오늘날 교회의 지도자들에게서도 이런 베드로나 야고보의 겸손이 있다고 생각하는가?

본문에는 사도의 대표로 베드로가, 장로의 대표로 야고보가 이야기한 내용만 기록하고 있다. 그 외에도 많은 사람들이 발언을 했을 것이다. 우리는 여기서 정말 놀라고 감탄을 금할 수 없는 사실을 발견한다. 그 당시 사도라 하면 예수와 맞먹는 권위로 인정받고 있었다(참고/ 5:1-11). 그 정도의 권위라면 할례 문제도 베드로 혼자 판단해서 옳은 대로 결정을 내리고 지시할 수 있었을 것이다. 그럼에도 불구하고 그들은 개인의 의견을 따르기보다는 사도와 장로의 총회를 소집하고 민주적인 절차를 따라 토의를 먼저 한 다음 만장일치에 의해 가결하는 방법을 택했다. 베드로에게서 영적 지도자로서의 어떤 교만한 모습을 조금도 찾아볼 수 없다. 성령께서는 탁월한 지도자 한 사람이 내세우는 권위주의보다 형제가 연합하여 무릎 꿇고 하나님의 뜻을 분별하려고 노력하는 겸손을 더 좋아하신다는 사실을 배우게 된다.

 삶의 열매를 거두며

19절을 가지고 '괴롭게 하지 말자'는 말이 담고 있는 의미를 묵상해 보라(참고 / 28절). 우리를 괴롭게 하는 모든 짐을 없애고 오직 믿음으로만 구원을 얻게 하신 하나님께 마땅히 감사해야 할 것이다. 각자의 심정을 이야기해 보자.

율법에서의 자유를 선언하다

사도행전 15:22-35

22 이에 사도와 장로와 온 교회가 그 중에서 사람들을 택하여 바울과 바나바와 함께 안디옥으로 보내기를 결정하니 곧 형제 중에 인도자인 바사바라 하는 유다와 실라 더라 23 그 편에 편지를 부쳐 이르되 사도와 장로 된 형제들은 안디옥과 수리아와 길리기아에 있는 이방인 형제들에게 문안하노라 24 들은즉 우리 가운데서 어떤 사람들이 우리의 지시도 없이 나가서 말로 너희를 괴롭게 하고 마음을 혼란하게 한다 하기로 25-26 사람을 택하여 우리 주 예수 그리스도의 이름을 위하여 생명을 아끼지 아니하는 자인 우리가 사랑하는 바나바와 바울과 함께 너희에게 보내기를 만장일치로 결정하였노라 27 그리하여 유다와 실라를 보내니 그들도 이 일을 말로 전하리라 28 성령과 우리는 이 요긴한 것들 외에는 아무 짐도 너희에게 지우지 아니하는 것이 옳은 줄 알았노니 29 우상의 제물과 피와 목매어 죽인 것과 음행을 멀리할지니라 이에 스스로 삼가면 잘되리라 평안함을 원하노라 하였더라 30 그들이 작별하고 안디옥에 내려가 무리를 모은 후에 편지를 전하니 31 읽고 그 위로한 말을 기뻐하더라 32 유다와 실라도 선지자라 여러 말로 형제를 권면하여 굳게 하고 33 얼마 있다가 평안히 가라는 전송을 형제들에게 받고 자기를 보내던 사람들에게로 돌아가되 34 (없음) 35 바울과 바나바는 안디옥에서 유하며 수다한 다른 사람들과 함께 주의 말씀을 가르치며 전파하니라

마음의 문을 열며

예루살렘 총회를 소집하여 할례 건을 논의한 사도와 장로들은 안디옥 교회에 회신을 보낸다. 이 회신에는 이방 교인은 할례를 받을 필요가 없으며 유대인처럼 율법에 매이지 않아도 된다는 내용이 담겨 있었다. 이것이야말로 그리스도 안에서의 자유를 선언하는 대헌장이라 해도 과언이 아니다. 안디옥 교인들이 이 편지를 읽고 얼마나 감사하고 기뻐하였을까! 이 시간 우리에게도 이 감격과 기쁨이 되살아났으면 한다.

1 사도들은 누구의 손에 회신을 들려 바울과 바나바를 동행하게 했는가?
그리고 그렇게 한 이유는 무엇일까?(22절)

2 편지 내용을 보면 '사도와 장로 된 형제들', '이방인 형제들' 이라는 말
이 나온다(23절). 이처럼 형제라는 말을 사용하는 것은 유대인이나 이
방인이나 예수를 믿으면 차이가 없음을 분명히 하기 위해서이다. 그리
고 사도라고 해서 특별한 신분이 아니며, 일반 성도라고 해서 차별대우
를 받을 수 없다는 것을 의미한다. 그리스도 안에서 모든 사람이 평등한
형제의 관계를 누리게 된 것이다. 다음 성구를 가지고 이 사실을 확인해
보라.

   ○ 마태복음 23:8 /

   ○ 마태복음 28:10 /

   ○ 로마서 8:29 /

   ○ 요한일서 3:16 /

3 안디옥 교회에 나타났던 '어떤 사람들'은 왜 건전하지 못한 선생들이었는지 그 이유를 세 가지로 말해 보라(24절).

4 안디옥 교회의 '어떤 사람들'은 교회에서 가르칠 자격이 없는 자들이었다. 지금도 교회에서 남을 가르치려면 이상의 세 가지 점에서 결격 사유가 없어야 한다. 당신의 영적 지도자들은 이런 점에서 신뢰할 수 있다고 생각하는가? 신뢰해도 좋은 이유를 말해 보라.

5 사도와 장로들은 자신들이 보내는 답변이 하나님으로부터 직접 받은 계시의 말씀과 똑같다는 점을 어떻게 말하고 있는가?(28절)

6 교회에서 지도자들이 가르치고 권면하며, 경우에 따라서 명령하는 말이 하나님 자신의 말씀, 곧 성령의 말씀과 같다고 당신은 믿고 있는가? 그렇지 않다고 생각한다면 그 이유는 무엇인가?

7 율법에서 자유함을 얻은 이방인 교회이지만 실제로 주의하고 삼가야
할 것이 있다. 그것이 무엇인가? 그리고 아래의 글을 읽고 삼가라고 한
이유에 대해 생각해 보라(29절, 참고/ 고전 10:23-33).

사도들은 이방 교회가 유대인들처럼 음식을 가려먹거나 까다로운 절차
를 따라 절기를 지키고 할례 같은 의식을 행할 필요는 없다고 선언했다.
그럼에도 불구하고 29절에서 언급한 세 가지는 삼가는 것이 좋다고 한 이
유가 어디에 있을까? 당시 소아시아 지역에는 많은 유대교도들이 흩어져
살고 있었다. 그들 중에는 예수를 믿고 이방인 신자들과 한 교회에서 신
앙생활을 하는 자들이 많았다. 상상해 보라. 한 교회 안에서 유대인 형제
들은 율법의 규례를 엄하게 지키는데 이방 형제들은 아무 구애를 받지 않
고 자유롭게 신앙생활을 한다. 한쪽은 우상의 제물을 입에 대지 않는데
다른 편에서는 마음대로 먹는다. 한 사람은 피를 먹으면 큰일 나는 것으
로 알고 있는데 다른 형제는 아무 거리낌 없이 먹는다. 유대인들은 철저
한 일부일처제를 고수하는데 이방 형제들은 그들의 관습대로 첩을 거느
리고 살아도 크게 문제가 안 된다. 한 교회 안에서 이렇게 서로 다른 두 그
룹이 오해나 갈등 없이 지내기란 여간 어려운 일이 아닐 것이다. 아직 마
음이 어린 유대인 형제들이 그런 분위기에 잘 적응할 수 있을까? 사도들
이 염려한 점이 바로 이점이었다. 그들이 우려한 대로 이방 교회는 여기
저기서 비슷한 문제로 어려움을 겪기 시작했다. 원칙이 옳다고 해서 무엇
이나 다 적용할 수 있는 것은 아니다. 아무리 원칙이 옳다고 해도 연약한
형제를 해치는 일이면 옳은 것이 될 수 없다. 그러므로 이방인 형제들이
율법에 매이지 않는 자유를 가진 것은 사실이지만 약한 형제를 위해 그들
스스로가 그 자유를 다 쓰지 않고 절제할 필요가 있었다. 그래서 사도들
은 몇 가지를 삼가라고 당부한 것이다.

8 당신은 약한 형제를 염려해서 자신이 거리낌 없이 할 수 있는 일을 자제
해 본 적이 있는가? 만약 있다면 어떤 것이었나?

_____

_____

_____

_____

9 사도들의 편지를 받은 안디옥 교회는 어떤 반응을 보였는가?(30절)

_____

_____

_____

_____

 ## 삶의 열매를 거두며

만일 구원을 얻었지만 할례를 받고 토요일을 안식일로 지키는 등 유대인처럼 살아야
한다면, 그것이 얼마나 우리에게 무거운 짐이 되었을지 생각해 보라. 하지만 하나님
은 이방인인 우리에게 율법을 가지고 짐을 지우거나 괴롭게 하지 않으신다. 이점에
대해 마땅히 감사해야 할 것이다. 당신은 어떤가?

2차 선교여행을 시작하다

사도행전 15:36-16:5

36 며칠 후에 바울이 바나바더러 말하되 우리가 주의 말씀을 전한 각 성으로 다시 가서 형제들이 어떠한가 방문하자 하고 37 바나바는 마가라 하는 요한도 데리고 가고자 하나 38 바울은 밤빌리아에서 자기들을 떠나 함께 일하러 가지 아니한 자를 데리고 가는 것이 옳지 않다 하여 39 서로 심히 다투어 피차 갈라서니 바나바는 마가를 데리고 배 타고 구브로로 가고 40 바울은 실라를 택한 후에 형제들에게 주의 은혜에 부탁함을 받고 떠나 41 수리아와 길리기아로 다니며 교회들을 견고하게 하니라 16:1 바울이 더베와 루스드라에도 이르매 거기 디모데라 하는 제자가 있으니 그 어머니는 믿는 유대 여자요 아버지는 헬라인이라 2 디모데는 루스드라와 이고니온에 있는 형제들에게 칭찬 받는 자니 3 바울이 그를 데리고 떠나고자 할새 그 지역에 있는 유대인으로 말미암아 그를 데려다가 할례를 행하니 이는 그 사람들이 그의 아버지는 헬라인인 줄 다 앎이러라 4 여러 성으로 다녀 갈 때에 예루살렘에 있는 사도와 장로들이 작정한 규례를 그들에게 주어 지키게 하니 5 이에 여러 교회가 믿음이 더 굳건해지고 수가 날마다 늘어가니라

마음의 문을 열며

얼마 동안 안식년을 보낸 바울은 다시 선교지로 가서 교회들을 돌아보고 아직 복음을 전하지 못한 지역에서 선교활동을 해야겠다고 생각하게 되었다. 이 문제를 가지고 동역자 바나바와 상의하던 중 두 사람 사이에 대단히 유감스러운 일이 일어났다. 둘이 싸우다 갈라서고 만 것이다. 그러나 주님은 실망하지 않으시고 변함없이 그들을 사용하시는 것을 본다. 인간은 실망을 주어도 주님은 그렇지 않으시다. 이 시간 주님의 선하심을 다시 한 번 느끼고 찬양하게 되길 바란다.

1 두 사도가 예루살렘을 방문하고 돌아온 수일 후, 바울은 바나바에게 무엇을 제안했는가? 그리고 이때 바나바는 어떤 의견을 내놓았는가?(36-37절)

2 마가 요한에 대해 아는 바를 이야기해 보라. 마가는 로마식 이름이고, 요한은 히브리식 이름이다(참고 / 행 12:12, 25, 13:5, 13).

3 바울이 바나바의 말에 동의하지 못한 이유가 무엇인가? 그리고 두 사람은 마가의 일로 어떻게 되었는가?(38-41절, 참고 / 행 13:13)

4 기독교가 시작된 이래 최초로 등장한 가장 탁월한 인물 중 두 사람의 의견이 맞지 않아 갈라서는 모습을 보면서 당신이 느낀 것을 말해 보라.

_____

_____

5 우리는 마가를 용서하지 못하는 바울에게서 철저하고 타협을 싫어하는 강직한 성격을 읽을 수 있다. 뿐만 아니라 한번 눈에 나면 쉽게 용납하지 못하는 옹졸함도 엿볼 수 있다. 반면에 바나바는 매우 마음이 너그럽고 부드러운 인품의 소유자로 보인다. 이처럼 대조적인 두 성격 중, 주님의 일을 하는 데 어느 쪽이 더 유익하다고 보는가? 그리고 그 이유는 무엇인가?

_____

_____

6 당신은 두 사람의 성격 중 어느 편을 많이 닮았으며 그로 인해 신앙생활을 하는 데 좋은 점은 무엇이며 나쁜 점은 무엇인가?

_____

_____

7 어느 나라에서나 교회 지도자들이 사분오열 분열하는 일이 너무 많고 선교지에서도 선교사들이 서로 마음을 합하지 못하는 경우도 있다. 그들은 자기들의 입장을 변호하기 위해 '바울과 바나바도 갈라서지 않았느냐' 는 말을 자주 한다. 당신은 이런 현실을 어떻게 생각하는가?

8 루스드라에서 바울은 누구를 제자로 택했으며, 그는 어떤 사람이었나?(16:1-2절)

9 바울과 디모데는 교회들을 돌아보면서 무엇을 하였는가? 그 결과 어떤 열매가 있었는가?(4-5절)

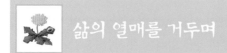
삶의 열매를 거두며

인간적으로 볼 때 성격이 곱지 못했던 바울을 주님은 변함없이 사용하셨다. 이 사실에서 당신이 받은 은혜가 있으면 말해 보라.

건너 와서 우리를 도우라

사도행전 16:6-15

6 성령이 아시아에서 말씀을 전하지 못하게 하시거늘 그들이 브루기아와 갈라디아 땅으로 다녀가 7 무시아 앞에 이르러 비두니아로 가고자 애쓰되 예수의 영이 허락하지 아니하시는지라 8 무시아를 지나 드로아로 내려갔는데 9 밤에 환상이 바울에게 보이니 마게도냐 사람 하나가 서서 그에게 청하여 이르되 마게도냐로 건너와서 우리를 도우라 하거늘 10 바울이 그 환상을 보았을 때 우리가 곧 마게도냐로 떠나기를 힘쓰니 이는 하나님이 저 사람들에게 복음을 전하라고 우리를 부르신 줄로 인정함이러라 11 우리가 드로아에서 배로 떠나 사모드라게로 직행하여 이튿날 네압볼리로 가고 12 거기서 빌립보에 이르니 이는 마게도냐 지방의 첫 성이요 또 로마의 식민지라 이 성에서 수일을 유하다가 13 안식일에 우리가 기도할 곳이 있을까 하여 문 밖 강가에 나가 거기 앉아서 모인 여자들에게 말하는데 14 두아디라 시에 있는 자색 옷감 장사로서 하나님을 섬기는 루디아라 하는 한 여자가 말을 듣고 있을 때 주께서 그 마음을 열어 바울의 말을 따르게 하신지라 15 그와 그 집이 다 세례를 받고 우리에게 청하여 이르되 만일 나를 주 믿는 자로 알거든 내 집에 들어와 유하라 하고 강권하여 머물게 하니라

마음의 문을 열며

사도 바울과 그 일행은 기도하면서 미리 세운 계획에 따라 소아시아 지역에서 선교를 하고 있었다. 물론 복음을 전하는 일이므로 성령이 항상 변함없이 도와주시리라는 확신을 가지고 있었을 것이다. 그러나 사도 바울은 처음으로 자신의 계획을 하나님이 막으신다는 것을 느끼게 되었다. 선교를 하지 못하도록 막으시는 희한한 체험을 한 것이다. 하나님이 복음을 전하지 못하게 하시다니 정말 이해할 수 없는 일이었다. 하지만 주님은 자기 종들을 원하는 곳으로 보내신다. 그리고 선하신 뜻을 가지고 그 길을 인도하신다. 사람은 몰라도 주님은 모든 것을 아시고 행하신다. 우리에게 필요한 것은 순종하는 것뿐이다.

1 아시아 지역에서 바울은 어떤 어려움을 당하게 되었는가?(6절)

2 성령이 막으신다는 것은 어떤 경우를 말하는 것일까? 성경에서 찾든지 아니면 자신의 신앙 경험에서 그 예를 한 가지 찾아보라.

3 성령이 복음을 전하지 못하게 하신다는 사실을 알았을 때 바울은 어떤 태도를 보였는가? 6-8절을 중심으로 검토하라.

4 드로아에서 바울이 본 환상은 무엇인가? 환상을 보고 바울은 무엇을 깨닫고, 즉시 어떻게 하였는가?(9-10절)

5 성령의 인도하심이라는 확신이 들 때 당신은 바울처럼 즉시 행동에 옮기고 있는가? 좋은 예가 있으면 이야기해 보라.

_____

_____

6 바울 일행이 여장을 풀게 된 마게도니아의 첫 도시는 어디인가? 그리고 안식일이 되었을 때 간 곳은 어디이며, 그곳에서 무슨 일이 있었는가?(12-15절)

_____

_____

7 14절에서는 루디아가 예수를 믿게 된 이유를 어떻게 설명하고 있는가?

_____

_____

8 당신이 예수를 믿게 된 것은 결코 당신 자신만의 노력이나 깨우침만으로 일어난 사건이 아니다. 처음 믿게 되었을 때 주님이 당신의 마음을 열어 주셨음을 믿는가? 무엇으로 그것을 입증할 수 있는가?

_____

_____

9 루디아가 예수를 믿자, 구원받은 증거가 어떻게 나타났는가?(15절)

 삶의 열매를 거두며

유럽 교회의 첫 개종자는 여인이었다. 뿐만 아니라 그녀의 집은 벌써 믿는 자들이 모이는 가정교회가 되었다. 이러한 사실을 통해 당신은 무엇을 느끼는가? 각자 이야기해 보자(참고 / 행 16:40).

너와 네 집이 구원을 얻으리라

사도행전 16:16-40

16 우리가 기도하는 곳에 가다가 점치는 귀신 들린 여종 하나를 만나니 점으로 그 주인들에게 큰 이익을 주는 자라 17 그가 바울과 우리를 따라와 소리 질러 이르되 이 사람들은 지극히 높은 하나님의 종으로서 구원의 길을 너희에게 전하는 자라 하며 18 이같이 여러 날을 하는지라 바울이 심히 괴로워하여 돌이켜 그 귀신에게 이르되 예수 그리스도의 이름으로 내가 네게 명하노니 그에게서 나오라 하니 귀신이 즉시 나오니라 19 여종의 주인들은 자기 수익의 소망이 끊어진 것을 보고 바울과 실라를 붙잡아 장터로 관리들에게 끌어 갔다가 20 상관들 앞에 데리고 가서 말하되 이 사람들이 유대인인데 우리 성을 심히 요란하게 하여 21 로마 사람인 우리가 받지도 못하고 행하지도 못할 풍속을 전한다 하거늘 22 무리가 일제히 일어나 고발하니 상관들이 옷을 찢어 벗기고 매로 치라 하여 23 많이 친 후에 옥에 가두고 간수에게 명하여 든든히 지키라 하니 24 그가 이러한 명령을 받아 그들을 깊은 옥에 가두고 그 발을 차꼬에 든든히 채웠더니 25 한밤중에 바울과 실라가 기도하고 하나님을 찬송하매 죄수들이 듣더라 26 이에 갑자기 큰 지진이 나서 옥터가 움직이고 문이 곧 다 열리며 모든 사람의 매인 것이 다 벗어진지라 27 간수가 자다가 깨어 옥문들이 열린 것을 보고 죄수들이 도망한 줄 생각하고 칼을 빼어 자결하려 하거늘 28 바울이 크게 소리 질러 이르되 네 몸을 상하지 말라 우리가 다 여기 있노라 하니 29 간수가 등불을 달라

고 하며 뛰어 들어가 무서워 떨며 바울과 실라 앞에 엎드리고 ³⁰ 그들을 데리고 나가 이르되 선생들이여 내가 어떻게 하여야 구원을 받으리이까 하거늘 ³¹ 이르되 주 예수를 믿으라 그리하면 너와 네 집이 구원을 받으리라 하고 ³² 주의 말씀을 그 사람과 그 집에 있는 모든 사람에게 전하더라 ³³ 그 밤 그 시각에 간수가 그들을 데려다가 그 맞은 자리를 씻어 주고 자기와 그 온 가족이 다 세례를 받은 후 ³⁴ 그들을 데리고 자기 집에 올라가서 음식을 차려 주고 그와 온 집안이 하나님을 믿으므로 크게 기뻐하니라 ³⁵ 날이 새매 상관들이 부하를 보내어 이 사람들을 놓으라 하니 ³⁶ 간수가 그 말대로 바울에게 말하되 상관들이 사람을 보내어 너희를 놓으라 하였으니 이제는 나가서 평안히 가라 하거늘 ³⁷ 바울이 이르되 로마 사람인 우리를 죄도 정하지 아니하고 공중 앞에서 때리고 옥에 가두었다가 이제는 가만히 내보내고자 하느냐 아니라 그들이 친히 와서 우리를 데리고 나가야 하리라 한대 ³⁸ 부하들이 이 말을 상관들에게 보고하니 그들이 로마 사람이라 하는 말을 듣고 두려워하여 ³⁹ 와서 권하여 데리고 나가 그 성에서 떠나기를 청하니 ⁴⁰ 두 사람이 옥에서 나와 루디아의 집에 들어가서 형제들을 만나 보고 위로하고 가니라 권면하고

 ## 마음의 문을 열며

빌립보에서 바울과 실라는 호된 시련에 부딪혔다. 사도행전에 기록된 바울의 생애를 보면, 여기서 그는 처음으로 채찍에 맞고 투옥당하는 어려움을 겪는다. 성령의 명령에 순종한다면 모든 것이 형통해야 할 것 같은데, 실제로는 그렇지 않을 수도 있다는 사실을 배우게 된다. 예수 그리스도를 전하는 자에게는 주님이 당하신 고난이 항상 따르는 것 같다. 그러나 고난을 통해 주님이 주시는 열매는 항상 만족스러운 것이다. 복음은 반드시 승리한다. 구원받을 자들은 반드시 돌아온다. 믿음을 고백한 간수와 그의 가족들, 그리고 이름이 거론되지 않은 숱한 죄수들은 바울이 고난을 통해 얻은 값진 열매들이었다.

1 일정한 시간을 정해 놓고 기도하러 갔던 바울과 실라에게 돌발적으로 어떤 사건이 생겼는가?(16-21절)

2 우리는 여기서 사람이 할 수 없는 특별한 일을 귀신이 하는 것을 보게 된다. 두 가지만 말해 보라(16-17절).

3 당신은 신통하게 알아맞힌다는 유혹에 빠져 점쟁이를 찾아본 일이 없는가? 아무리 신통하게 알아맞혀도 그를 가까이 해서는 안 되는 이유가 무엇인가?

4 귀신들린 여종이 바울과 실라의 신분을 정확히 알아보았다. 그러나 바울은 귀신들린 여자로 인해 자기가 하나님의 종이라는 사실이 알려지는 것을 매우 싫어하였다. 왜 그랬을까? 어떤 모양으로든지 그들이 구원의 복음을 전하러 왔다는 사실이 알려지면 좋은 일이 아닌가?(참고 / 막 3:11-12)

5 빌립보 관원들이 바울과 실라를 마치 법의 보호를 전혀 받지 못하는 노예를 취급하듯 함부로 때리고 투옥하려고 했을 때, 바울이 로마 시민이라는 사실을 밝히지 않은 것은 놀라운 일이다. 그는 자신의 신분을 밝혀 법의 보호를 받을 수 있었기 때문이다. 아마도 이 경우에는 매를 맞고 감옥에 가는 것이 하나님의 뜻이라고 생각했던 것 같다. 감옥에서 일어난 기적 같은 사건을 보면 틀림없는 사실이다. 우리에게도 가끔 비슷한 일들이 일어난다. 충분히 피할 수 있는 고통임에도 불구하고 당하는 편이 하나님께서 원하시는 길이라고 느껴질 때가 있다. 무엇인가 선하신 뜻이 있다는 확신이 드는 것이다. 그리고 얼마 후 고통이 다 지나간 다음에 '아, 이래서 이 어려움을 주셨구나' 하고 크게 깨닫게 될 때가 있다. 당신에게도 이와 비슷한 체험이 있는가?(22-24절, 참고 / 행 22:25-29)

6 감옥에서 바울과 실라는 무엇을 했으며 그 결과 무슨 일이 일어났는가?(25-26절)

7 한 밤중이 우리에게 주는 의미는 크다. 역경은 우리에게 있어서 인생의 밤이다. 그리고 고난이 가장 혹독할 때를 밤중이라 부른다. 당신이 이런 밤중에 노래하게 하시는 하나님을 체험한 일이 있으면 말해 보라. 그때 옥문이 열리고 쇠사슬이 벗겨진 기적은 없었는가?

8 간수는 이 기막힌 기적을 보고 어떻게 했는가?(27-35절)

9 31절을 외우면서 묵상해 보라. 그리고 34절에서 간수의 가족이 받은 은혜를 확인해 보라. 가정에서 '너'라는 한 사람이 구원을 받으면 '네 집'이라는 식구가 다 구원받는다는 말씀은 정말 놀랍다. 분명히 구원은 개인적으로 받는다. 아무리 살과 피를 나눈 가족이라도 신앙고백을 대신해 줄 수 없는 것이다. 그럼에도 한 사람의 구원이 가족 전체의 구원을 보장할 수 있다고 한다. 이 말씀에 대한 당신의 생각을 말해 보라(참고 / 창 17:7; 말 2:15; 고전 7:14).

삶의 열매를 거두며

하나님이 선택하시는 방법은 인간의 생각을 훨씬 뛰어넘는 것이다. 유럽 대륙의 첫 열매인 빌립보 교회를 개척하기 위해 제일 먼저 부르신 사람들은 나약한 과부인 루디아, 그다지 존경받지 못하는 자리에 있는 간수와 그 집안사람들이었다. 주님은 권력과 재력을 가진 사람들을 사용하지 않으셨다. 분명히 하나님은 천한 자를 불러 높은 자를 부끄럽게 하시고, 없는 자를 불러 가진 자를 겸손케 하시는 분이시다. 아무도 자기 공로를 가지고 자랑하지 못하게 하시는 분이시다. 당신은 이런 하나님을 어떻게 생각하는가? 정말 감사하고 있는가? 찬송하기를 원하는가? 설혹 당신의 신분이 높고 당신에게 자랑할만한 것이 많다 할지라도, 그런 것을 안중에 두지 않으시는 하나님께 감사하고 경배할 수 있는지 솔직하게 이야기해 보라.

데살로니가와 베뢰아가 말씀을 받다

사도행전 17:1-15

¹ 그들이 암비볼리와 아볼로니아로 다녀가 데살로니가에 이르니 거기 유대인의 회당이 있는지라 ² 바울이 자기의 관례대로 그들에게로 들어가서 세 안식일에 성경을 가지고 강론하며 ³ 뜻을 풀어 그리스도가 해를 받고 죽은 자 가운데서 다시 살아나야 할 것을 증언하고 이르되 내가 너희에게 전하는 이 예수가 곧 그리스도라 하니 ⁴ 그 중의 어떤 사람 곧 경건한 헬라인의 큰 무리와 적지 않은 귀부인도 권함을 받고 바울과 실라를 따르나 ⁵ 그러나 유대인들은 시기하여 저자의 어떤 불량한 사람들을 데리고 떼를 지어 성을 소동하게 하여 야손의 집에 침입하여 그들을 백성에게 끌어 내려고 찾았으나 ⁶ 발견하지 못하매 야손과 몇 형제들을 끌고 읍장들 앞에 가서 소리 질러 이르되 천하를 어지럽게 하던 이 사람들이 여기도 이르매 ⁷ 야손이 그들을 맞아 들였도다 이 사람들이 다 가이사의 명을 거역하여 말하되 다른 임금 곧 예수라 하는 이가 있다 하더이다 하니 ⁸ 무리와 읍장들이 이 말을 듣고 소동하여 ⁹ 야손과 그 나머지 사람들에게 보석금을 받고 놓아 주니라 ¹⁰ 밤에 형제들이 곧 바울과 실라를 베뢰아로 보내니 그들이 이르러 유대인의 회당에 들어가니라 ¹¹ 베뢰아에 있는 사람들은 데살로니가에 있는 사람들보다 더 너그러워서 간절한 마음으로 말씀을 받고 이것이 그러한가 하여 날마다 성경을 상고하므로 ¹² 그 중에 믿는 사람이 많고 또 헬라의 귀부인과 남자가 적지 아니하나 ¹³ 데살로니가에 있는 유대인들은 바울이 하

나님의 말씀을 베뢰아에서도 전하는 줄을 알고 거기도 가서 무리를 움직여 소동하게 하거늘 ¹⁴ 형제들이 곧 바울을 내보내어 바다까지 가게 하되 실라와 디모데는 아직 거기 머물더라 ¹⁵ 바울을 인도하는 사람들이 그를 데리고 아덴까지 이르러 그에게서 실라와 디모데를 자기에게로 속히 오게 하라는 명령을 받고 떠나니라

 마음의 문을 열며

빌립보에서 추방당한 바울은 데살로니가로 가서 복음을 전하였다. 그리고 거기서도 오래 머물지 못하고 쫓겨나와 베뢰아로 자리를 옮긴다. 무슨 수를 써서라도 복음 전파를 막으려는 사탄의 입장에서는 바울이 가는 곳마다 발을 붙이지 못하게 했다. 이렇게 하면 그의 선교활동은 반드시 실패할 것으로 생각했던 것 같다. 그러나 이것은 너무나 어리석은 생각이었다. 핍박은 복음을 더 빨리, 더 능력 있게, 더 많이 전하게 하시는 주님의 수단이었다는 것을 몰랐던 것이다. 바울은 빌립보에 이어 다음 두 도시에서 대단한 성공을 거두게 된다. 정말 놀라운 하나님의 은혜요 능력이 아닐 수 없다.

말씀의 씨를 뿌리며

1 데살로니가는 수백 년의 역사를 지닌 상업 도시로서 여러 민족이 함께 어울려 살고 있었다. 먼저 바울은 도시 안에 있는 유대인촌을 찾아갔다. 거기서 그는 무엇을 하였는가?(1-2절)

2 바울이 유대인을 상대로 복음을 전하는 방법은 1차 선교여행 때와 똑같음을 볼 수 있다. 안식일마다 회당에 모이는 청중을 대상으로, 그들과 구약을 펴 놓고 토론을 벌였다. 데살로니가 회당에서 그가 메시아에 대한 토론을 어떻게 이끌었는지 살펴보라(3절).

3 4절에 나오는 '어떤 사람'은 누구를 말하며, 이들은 어떤 반응을 보였는가? 반면 시기가 가득한 유대인들로 인해 무슨 일이 일어났는가?(4-9절)

4 본문의 내용만으로는 너무 간략해서 바울이 3주 동안 복음을 전해서 얻은 열매가 어느 정도였는지를 짐작하기가 어렵다. 그러나 데살로니가 전서를 참고하면 그때 그 도성에서 일어났던 성령의 역사가 얼마나 대단했는지를 금방 알 수 있다. 데살로니가전서 1장 가운데 다음 구절을 가지고 그 당시의 부흥에 대해 정리해 보라.

   ㅇ 5절 /

   ㅇ 6절 /

   ㅇ 7절 /

   ㅇ 8절 /

   ㅇ 9절 /

5 바울은 데살로니가 서방 40km 지점에 자리 잡고 있었던 베뢰아로 쫓겨간다. 복음을 받은 그곳 사람들은 독특한 면이 있었다. 그것이 무엇인가?(11절)

6 말씀을 받고 대하고 다루는 베뢰아 사람들의 모습에서 배울 점은 무엇이라고 생각하는가? 아래의 질문들을 가지고 당신의 신앙 자세는 어떤지 점검해 보라.

o 말씀을 받는 자세가 간절한가?

o 들은 내용이 옳은지 직접 성경말씀을 가지고 검토하고 확인하는가?

o 한 번이 아니라 날마다 그렇게 하는가?

o 이렇게 해서 옳다고 생각하면 주저 없이 받아들이는가?

o 말씀을 받고 대하고 다루는 당신의 자세 중에서 당장 고쳐야 할 점은 무엇인가?

7 데살로니가와 베뢰아에서 예수를 믿은 자들 가운데는 '귀부인'이라고 불리는 여인들이 상당수 있었다. 이들은 틀림없이 당시 상류층에 속하는 집안사람들이었을 것이다. 이들의 신분을 특별히 언급하고 있는 이유가 어디에 있다고 생각하는가? 세상적으로 보아 높은 사람들이 예수님을 믿게 될 때 유익한 점은 무엇인가?(4, 12절, 참고 / 롬 16:23)

8 베뢰아에서 일어난 소동은 무엇인가?(13절)

9 지금도 우리 주변에는 집요하게 따라 다니며 마귀 노릇하는 사람들이 있다. 당신의 주변에는 이런 자들이 없는가? 왜 주님께서 이런 자들을 한순간에 쓸어버리지 않고 남겨 두신다고 생각하는가?

 ## 삶의 열매를 거두며

바울이 일하던 그 시대에는 환란과 핍박으로 바람 잘 날이 하루도 없었다. 그러나 그 바람을 타고 복음의 씨앗은 더 멀리 더 힘 있게 퍼져 갔다. 지금은 환란의 바람이 불지 않아 복음이 퍼지지 않는다고 탄식하는 사람들이 있다. 그러나 우리가 일부러 환란을 자청할 필요는 없다. 오히려 평안할 때 바울처럼 우리도 더 열심히 예수의 증인 노릇을 하면 되는 것이다. 이번 한 주간 당신은 증인으로서 시간을 내어 전도해 보지 않겠는가?

철학의 도시에 회개를 촉구하다

사도행전 17:16-34

[16] 바울이 아덴에서 그들을 기다리다가 그 성에 우상이 가득한 것을 보고 마음에 격분하여 [17] 회당에서는 유대인과 경건한 사람들과 또 장터에서는 날마다 만나는 사람들과 변론하니 [18] 어떤 에피쿠로스와 스토아 철학자들도 바울과 쟁론할새 어떤 사람은 이르되 이 말쟁이가 무슨 말을 하고자 하느냐 하고 어떤 사람은 이르되 이방 신들을 전하는 사람인가보다 하니 이는 바울이 예수와 부활을 전하기 때문이러라 [19] 그를 붙들어 아레오바고로 가며 말하기를 네가 말하는 이 새로운 가르침이 무엇인지 우리가 알 수 있겠느냐 [20] 네가 어떤 이상한 것을 우리 귀에 들려 주니 그 무슨 뜻인지 알고자 하노라 하니 [21] 모든 아덴 사람과 거기서 나그네 된 외국인들이 가장 새로운 것을 말하고 듣는 것 이외에는 달리 시간을 쓰지 않음이더라 [22] 바울이 아레오바고 가운데 서서 말하되 아덴 사람들아 너희를 보니 범사에 종교심이 많도다 [23] 내가 두루 다니며 너희가 위하는 것들을 보다가 알지 못하는 신에게라고 새긴 단도 보았으니 그런즉 너희가 알지 못하고 위하는 그것을 내가 너희에게 알게 하리라 [24] 우주와 그 가운데 있는 만물을 지으신 하나님께서는 천지의 주재시니 손으로 지은 전에 계시지 아니하시고 [25] 또 무엇이 부족한 것처럼 사람의 손으로 섬김을 받으시는 것이 아니니 이는 만민에게 생명과 호흡과 만물을 친히 주시는 이심이라 [26] 인류의 모든 족속을 한 혈통으로 만드사 온 땅에 살게 하시고 그들의 연대를 정하시며 거주의

경계를 한정하셨으니 27 이는 사람으로 혹 하나님을 더듬어 찾아 발견하게 하려 하심이로되 그는 우리 각 사람에게서 멀리 계시지 아니하도다 28 우리가 그를 힘입어 살며 기동하며 존재하느니라 너희 시인 중 어떤 사람들의 말과 같이 우리가 그의 소생이라 하니 29 이와 같이 하나님의 소생이 되었은즉 하나님을 금이나 은이나 돌에다 사람의 기술과 고안으로 새긴 것들과 같이 여길 것이 아니니라 30 알지 못하던 시대에는 하나님이 간과하셨거니와 이제는 어디든지 사람에게 다 명하사 회개하라 하셨으니 31 이는 정하신 사람으로 하여금 천하를 공의로 심판할 날을 작정하시고 이에 그를 죽은 자 가운데서 다시 살리신 것으로 모든 사람에게 믿을 만한 증거를 주셨음이니라 하니라 32 그들이 죽은 자의 부활을 듣고 어떤 사람은 조롱도 하고 어떤 사람은 이 일에 대하여 네 말을 다시 듣겠다 하니 33 이에 바울이 그들 가운데서 떠나매 34 몇 사람이 그를 가까이하여 믿으니 그 중에는 아레오바고 관리 디오누시오와 다마리라 하는 여자와 또 다른 사람들도 있었더라

마음의 문을 열며

베뢰아에서 일어난 소동을 피하여, 바울은 계획에 없었던 아덴을 잠깐 방문하게 되었다. 그곳에서 며칠 동안 쉬면서 디모데와 실라가 도착하기를 기다리기로 한 것이다. 그런데 바울은 아덴 시가를 구경하다가 우상이 너무 많은 것에 충격을 받아 노상에서 토론을 벌이게 된다. 이 시간 우리는 당시 내노라 하던 철학자들을 상대로 담대하게 종교를 논하고 복음을 전하는 바울의 모습을 만나게 된다. 이런 그의 모습이 우리에게 주는 메시지가 무엇일까? 기대감을 가지고 성령의 가르침에 귀 기울이도록 하자.

1 아덴은 헬라 문화를 꽃피게 했던 그리스의 수도 아테네를 말한다. 바울 당시에는 과거에 비해 그 영화가 시들기는 했지만 정치와 철학의 중심지로 헬라 문화를 대표하는 상징적인 존재로서 그 긍지를 잃지 않고 있었다. 바울은 시가지를 돌아보다가 우상이 가득한 것을 보고 분을 이기지 못했다. 그 이유가 무엇이라고 생각하는가? 당신도 여행을 하면서 비슷한 경험을 한 적이 있다면 말해 보라(16절).

2 분을 참지 못한 바울은 어떻게 하였는가? 그리고 그 내용의 핵심은 무엇인가?(17-18절)

3 바울은 우선 유대인들을 중심으로 변론을 시작했다. 그런 다음 아덴의 철학자들과 쟁론하게 된다. 아래는 바울과 쟁론을 펼쳤던 철학자들에 대한 설명이다. 바울의 이야기를 듣고 이들이 비상한 관심을 보였던 내용은 무엇인가?(18-20절)

에피쿠로스 학파는 스토아 학파와 함께 당대 헬라 철학을 대표하고 있었다. 에피쿠로스 학파는 신을 포함한 모든 만물이 원자라는 물질로 구성되어 있다고 믿었다. 그들의 사상은 신을 물질로 생각할 정도로 유물론적이었다. 그렇다고 해서 육신으로 즐기는 행복만을 최고의 선이라고 하는 극단에 빠지지는 않았다. 정의나 절제나 평안을 통해 얻는 정신적 행복을 육적인 것보다 더 중요하다고 보았다. 바울이 아덴을 방문했던 당시, 이 학파의 인기는 최고조에 달하고 있었다. 한편 스토아 학파는 인생을 어떻게 살 것인가를 중요한 관심사로 삼고 있었다. 그래서 선하게 사는 것을 중시하였다. 그 예로 자신의 운명이나 처한 환경을 거역하기보다 만족해하며 사는 것이 자연과 조화를 이룰 수 있는 최선의 삶이라고 가르쳤다.

아레오바고는 아테네에 있는 석회암 언덕을 가리키는 이름이었다. 여기서 아덴 시민의 공회가 모이기도 하고 재판을 열기도 했다. 이곳에서 바울은 철학자들을 상대로 설교를 시작하며 매우 지혜롭게 말문을 열고 있다. 사람들의 관심거리를 먼저 이야기하여 그들이 귀를 기울이도록 만든 것이다. 무엇을 보고 알 수 있는가?(22-23절)

5 우리가 전도를 할 때 상대방의 관심을 끌 수 있는 이야기를 가지고 시작하는 것은 큰 도움이 된다. 당신이 즐겨 사용하는 이야기가 있다면, 한 가지 예를 들어 보라.

6 바울이 전하는 하나님은 어떤 분이신가? 그리고 바울의 이야기 중 당신이 일상생활을 하면서 가장 많이 그리고 확실하게 체험한 하나님은 어떤 하나님이신가?(24-28절 참고 / 욥 33:4; 시 145:18; 단 5:23)

7 오늘 이 시대를 사는 사람들에게 주시는 하나님의 명령은 무엇인가? 그리고 이러한 명령에 순종해야 하는 이유를 말해 보라(30-31절).

8 바울의 설교를 들은 사람들의 반응은 어떠했는가?(32-34절)

9 다른 도시에 비해 아덴에서의 선교는 큰 성과가 없었던 것 같다. 본래 바울은 그곳에서 복음을 전할 계획을 가지고 있지 않았는데 사정이 바뀌어 잠깐 방문했기 때문에 그랬을지도 모른다. 어떤 사람은 바울의 설교가 철학자들을 의식해서 복음보다 철학적인 이야기를 많이 하다가 실패했다는 주장을 하기도 한다. 그러나 우리가 열매를 가지고 전도의 성공 여부를 판단하는 것은 바람직하지 않다고 생각한다. 당신의 생각은 어떠한가?

 삶의 열매를 거두며

우리도 그리스도를 증거하자. 예정에 없이 만난 사람이라도, 노천광장이라도 성령이 기회를 주시면 전하도록 하자. 한 주 동안 어떻게 전하고 싶은지 말해 보자.

이 성중에 내 백성이 많음이라

사도행전 18:1-11

¹ 그 후에 바울이 아덴을 떠나 고린도에 이르러 ² 아굴라라 하는 본도에서 난 유대인 한 사람을 만나니 글라우디오가 모든 유대인을 명하여 로마에서 떠나라 한 고로 그가 그 아내 브리스길라와 함께 이달리야로부터 새로 온지라 바울이 그들에게 가매 ³ 생업이 같으므로 함께 살며 일을 하니 그 생업은 천막을 만드는 것이더라 ⁴ 안식일마다 바울이 회당에서 강론하고 유대인과 헬라인을 권면하니라 ⁵ 실라와 디모데가 마게도냐로부터 내려오매 바울이 하나님의 말씀에 붙잡혀 유대인들에게 예수는 그리스도라 밝히 증언하니 ⁶ 그들이 대적하여 비방하거늘 바울이 옷을 털면서 이르되 너희 피가 너희 머리로 돌아갈 것이요 나는 깨끗하니라 이 후에는 이방인에게로 가리라 하고 ⁷ 거기서 옮겨 하나님을 경외하는 디도 유스도라 하는 사람의 집에 들어가니 그 집은 회당 옆이라 ⁸ 또 회당장 그리스보가 온 집안과 더불어 주를 믿으며 수많은 고린도 사람도 듣고 믿어 세례를 받더라 ⁹ 밤에 주께서 환상 가운데 바울에게 말씀하시되 두려워하지 말며 침묵하지 말고 말하라 ¹⁰ 내가 너와 함께 있으매 어떤 사람도 너를 대적하여 해롭게 할 자가 없을 것이니 이는 이 성중에 내 백성이 많음이라 하시더라 ¹¹ 일 년 육 개월을 머물며 그들 가운데서 하나님의 말씀을 가르치니라

마음의 문을 열며

바울은 아덴에서 고린도로 장소를 옮겼다. 고린도는 정치, 군사, 상업적인 면에서 아덴과 쌍벽을 이루었던 중요한 선교의 요충지였다. 고린도에서의 선교는 여러 가지 면에서 큰 의미를 지니고 있었다. 일생의 동역자로 뛰게 된 아굴라 부부를 만나게 되었고, 환상 중에 자신을 특별히 격려하시는 주님을 뵈었다. 또한 바울이 손수 생활비를 벌면서 자비량 선교사로 일했다는 사실을 본문을 통해 우리는 처음으로 확인할 수 있다. 이 시간 성령께서 우리에게 들려주실 진리가 무엇인지 귀를 기울이도록 하자.

말씀의 씨를 뿌리며

1 고린도에서 바울이 만나게 된 아굴라 부부에 대해 아는 대로 말해 보라. 그리고 이러한 아굴라 부부의 모습 속에서 당신이 특별히 도전 받거나 감동 받은 것이 있다면 나눠 보라(2-3절, 참고 / 18, 26절; 롬 16:3; 고전 16:19; 딤후 4:19).

2 바울은 아굴라와 함께 천막 만드는 일을 하였다. 아굴라에게 있어서는 선교와 직업이 별개의 것이 아니었다. 직업은 곧 선교의 수단이요 현장이었다. 당신은 어떤가? 당신도 이와 같은 직업관을 가지고 있는가?

3 실라와 디모데가 고린도에 도착하자 바울은 새 힘을 얻었다. 무엇을 보고 알 수 있는가?(5절)

4 주님의 일은 혼자 하는 것이 아니다. 함께 있기만 해도 힘이 되는 형제들이 있어야 할 수 있다. 당신을 돕는 실라와 디모데가 누구인지 한번 그 이름을 적어 보라.

_____

_____

5 유대인들이 훼방하자 바울은 어떻게 하였는가? 이런 행동은 무엇을 의미하는가?(6-7절, 참고/ 마 10:14; 눅 10:11; 겔 3:17-19)

_____

_____

6 우리 주변에는 발의 먼지를 떨어버려도 될 만한 사람들이 참 많다. 물론 그들이 세상에 남아 있는 한, 기회가 있을 때마다 복음을 전해야 할 것이다. 그러나 오늘 밤이라도 하나님이 그들을 부르신다면 어떻게 될까? 그저 먼지를 떨어버리듯 책임을 지지 않아도 되는가? 그런 사람들이 있으면 이름을 적어 보라. 그리고 각자의 느낌을 말해 보라.

_____

_____

_____

7 바울의 고린도 선교는 성공을 거두고 있었다. 8절을 가지고 그 이유를 말해 보라(참고 / 고전 2:1-5).

8 비록 믿고 돌아오는 자들이 많았으나 고린도에서 복음을 전하는 일은 보통 어려운 일이 아니었다. 그 도시 사람들은 세상 낙에 푹 빠져 영적으로 매우 둔감해 있었기 때문이다. 바울은 자주 힘들어 하고 좌절감을 느꼈을 것이다. 주님이 특별히 그를 격려하신 사실을 보면 쉽게 짐작할 수 있다. 주님은 그에게 무엇이라고 격려하셨는가?(9-10절)

9 주님께서 고린도에 자기 백성이 많다고 하신 말씀은 다시 한 번 하나님의 은혜가 얼마나 풍성한지를 깨닫게 한다. 고린도에는 유명한 신전이 있었고 성적으로도 매우 타락한 도시였다. 웬만한 음란은 악하다고 생각하지 않았다. 예수를 믿은 다음에도 오랫동안 몸에 밴 음란을 씻어 버리지 못한 자들이 많아 교회가 당한 어려움을 보아도 잘 알 수 있다. 이렇게 악한 사람들이 우글거리는 고린도에 하나님께서는 자기가 택한 자들이 많다고 하신다. 얼마나 풍성한 은혜인가? 이 사실에 대한 당신의 생각을 말해 보라(참고 / 고전 5:1-8).

삶의 열매를 거두며

우리가 살고 있는 도시는 고린도와 같은 도성이다. 이곳에 내 백성이 많다고 하시는 주님의 음성을 들어야 한다. 아직도 인간적인 눈으로 사람을 판단하는 버릇이 자신에게 있지 않은지 돌아보자. 그리고 간절한 심정으로 그들에게 다가갈 수 있도록 이 시간 함께 기도하자.

2차 선교여행을 마무리하다

사도행전 18:12-23

¹² 갈리오가 아가야 총독 되었을 때에 유대인이 일제히 일어나 바울을 대적하여 법정으로 데리고 가서 ¹³ 말하되 이 사람이 율법을 어기면서 하나님을 경외하라고 사람들을 권한다 하거늘 ¹⁴ 바울이 입을 열고자 할 때에 갈리오가 유대인들에게 이르되 너희 유대인들아 만일 이것이 무슨 부정한 일이나 불량한 행동이었으면 내가 너희 말을 들어 주는 것이 옳거니와 ¹⁵ 만일 문제가 언어와 명칭과 너희 법에 관한 것이면 너희가 스스로 처리하라 나는 이러한 일에 재판장 되기를 원하지 아니하노라 하고 ¹⁶ 그들을 법정에서 쫓아내니 ¹⁷ 모든 사람이 회당장 소스데네를 잡아 법정 앞에서 때리되 갈리오가 이 일을 상관하지 아니하니라 ¹⁸ 바울은 더 여러 날 머물다가 형제들과 작별하고 배 타고 수리아로 떠나갈새 브리스길라와 아굴라도 함께 하더라 바울이 일찍이 서원이 있었으므로 겐그레아에서 머리를 깎았더라 ¹⁹ 에베소에 와서 그들을 거기 머물게 하고 자기는 회당에 들어가서 유대인들과 변론하니 ²⁰ 여러 사람이 더 오래 있기를 청하되 허락하지 아니하고 ²¹ 작별하여 이르되 만일 하나님의 뜻이면 너희에게 돌아오리라 하고 배를 타고 에베소를 떠나 ²² 가이사랴에 상륙하여 올라가 교회의 안부를 물은 후에 안디옥으로 내려가서 ²³ 얼마 있다가 떠나 갈라디아와 브루기아 땅을 차례로 다니며 모든 제자를 굳건하게 하니라

마음의 문을 열며

바울과 그의 일행은 18개월 동안 고린도에서 선교활동을 열심히 전개하고 있었다. 그런데 그들은 다른 도시에서처럼 또다시 과격한 유대인들의 난동으로 어려움을 당하게 되었다. 하지만 이번에는 합법적인 절차를 거치기 위해 직접 바울을 해치지 않고 그 대신 재판정으로 데리고 갔다. 이 사건으로 바울은 선교활동을 중단하고 그 도시를 떠나지 않으면 안 되었다. 결국 그길로 그는 자기를 파송한 안디옥 교회로 돌아올 계획을 세웠다. 드디어 제2차 선교여행의 대미(大尾)를 장식하게 된 것이다.

1 유대인들이 바울을 재판에 회부하면서 고소한 내용은 무엇인가? 그리고 이 고소 건을 갈리오 총독은 어떻게 처리했는가?(12-16절)

2 갈리오 총독의 반응은 유대인들의 기대와는 사뭇 다른 것이었다. 아래의 글을 읽고 하나님의 섭리에 대해 각자가 느낀 점을 말해 보라.

새로 부임한 갈리오 총독이 유대인의 고소에 대해 내린 판결은 당시 로마 정부가 기독교에 대해 어떤 입장을 취하고 있었는지를 아는 데 도움이 된다. 로마 정부는 기독교를 유대교의 한 분파로 보고 있었다. 유대교가 로마에서 합법적인 종교로 인정받고 있었기 때문에 자연히 바울이 전하는 기독교도 그 그늘에서 법적인 보호를 받을 수 있었던 것 같다. 과격한 유대인들이 바울을 고소하는 것을 보고 양식 있는 고린도 시민들은 오히려 분노를 터뜨렸다. 자연히 재판 석에서 유대인들이 망신을 당하게 되었다. 우리는 여기서 하나님의 놀라운 뜻을 볼 수 있다. 예수를 죽인 유대교를 이용하여 철저하고 공정한 로마의 법으로부터 자기 종들이 보호를 받게 하시고 동서남북으로 확 뚫린 로마의 도로망을 통해서 복음의 소리가 사방으로 퍼지게 하신 하나님의 섭리는 정말 우리의 상상을 초월한다.

3 바울은 고린도를 떠나면서 아굴라 부부를 데리고 갔다. 그리고 그들이 에베소에 자리를 잡도록 주선해 주었다. 그런데 본문은 아굴라 부부를 소개할 때 아내의 이름을 먼저 쓰고 있다. 아내의 이름을 먼저 쓰는 것은 요즈음 같은 세상에서도 이해하기 어려운 일임을 감안할 때 우리의 관심을 끌기에 충분하다. 이에 대해 여러 가지 의견이 있지만, 남편에 비해 신앙과 선교 열정이 앞섰기 때문이라고 보는 것이 나을 듯하다. 당신의 경우는 어떤가? 만일 바울이 당신 부부를 나란히 소개한다면 신앙이나 헌신적인 면에서 누구의 이름을 먼저 쓸 것이라고 생각하는가?(참고 / 26절; 롬 16:3)

4 겐그리아에서 바울은 무엇을 하였는가?(18절)

5 아래의 글처럼 우리도 바울과 같이 영적 무장을 새롭게 해야 될 때가 있다. 어떤 경우에 그런지 예를 들어보라. 그리고 당신이 경험한 일이 있으면 나눠 보라.

✦

'서원'이란 어떤 행위를 실천하거나 금하기 위하여 하나님의 이름으로 맹세하는 유대인의 전통적인 관습이다(참고 / 민 6:1-21). 바울이 한 서원은 나실인의 서약인 것 같다. 나실인은 자신을 얼마 기간 동안 거룩하게 구별하기로 서원한 자를 가리키는 이름이다. 그는 서원한 기간 동안 포도에서 나는 것은 입에 대지 않아야 하고 시체를 멀리 하고 머리털을 자르면 안 되는 세 가지를 지켜야 한다. 바울이 머리를 깎았다는 말은 서원의 기간이 끝났음을 말해 준다. 그가 왜 나실인의 서원을 하려고 했는지 그 동기는 우리가 알 수가 없다. 그러나 그가 주님과 더 긴밀하게 영적 교제를 나누면서 새로이 영적 무장을 할 필요를 느껴 그렇게 하지 않았을까 추측된다. 우리에게도 일상생활을 멀리하고 먹고 마시고 싶은 것을 절제하고 특별한 각오로 주님 앞에 나아가야 할 경우가 있다.

6 바울은 더 머물기를 바라는 에베소 사람들의 요청을 거절하며 매우 의미 있는 말을 하였다. 그것이 무엇인가?(20-21절, 참고 / 고전 4:19, 16:7)

7 우리도 가끔씩 이렇게 말하는 경우가 있다. 주로 어떤 의도에서 그런 말을 하게 되는가? 그리고 이런 말을 자주할 때 좋은 점과 좋지 않은 점은 무엇이라고 생각하는가?

8 드디어 바울은 자기를 파송했던 안디옥 교회로 다시 돌아왔다. 약 2년 반 정도로 추산되는 기간 동안 그는 혼신의 힘을 다 쏟아 선교를 한 후 귀향한 것이다. 그는 이것으로 제2차 선교여행을 마무리했다. 하지만 본문을 보면 얼마 있지 않아 그는 다시 선교지로 떠난 것 같다. 바울의 이러한 태도를 보면서 우리가 받아야 할 교훈이 있다면 무엇인가?(22-23절, 참고 / 14:26-28)

 삶의 열매를 거두며

오늘도 선교지에서 안식년도 제대로 갖지 못하고 바울처럼 자신을 던져 헌신하고 있는 선교사들이 많다. 당신이 아는 사람이 있으면 그에 대해 이야기해 보라. 그리고 우리가 후원하고 있는 선교사들을 위해 기도하는 시간을 갖도록 하자.

Lesson 42

믿을 때에 성령을 받았느냐

사도행전 18:24-19:7

²⁴ 알렉산드리아에서 난 아볼로라 하는 유대인이 에베소에 이르니 이 사람은 언변이 좋고 성경에 능통한 자라 ²⁵ 그가 일찍이 주의 도를 배워 열심으로 예수에 관한 것을 자세히 말하며 가르치나 요한의 세례만 알 따름이라 ²⁶ 그가 회당에서 담대히 말하기 시작하거늘 브리스길라와 아굴라가 듣고 데려다가 하나님의 도를 더 정확하게 풀어 이르더라 ²⁷ 아볼로가 아가야로 건너가고자 함으로 형제들이 그를 격려하며 제자들에게 편지를 써 영접하라 하였더니 그가 가매 은혜로 말미암아 믿은 자들에게 많은 유익을 주니 ²⁸ 이는 성경으로써 예수는 그리스도라고 증언하여 공중 앞에서 힘 있게 유대인의 말을 이김이러라 ¹⁹:¹ 아볼로가 고린도에 있을 때에 바울이 윗 지방으로 다녀 에베소에 와서 어떤 제자들을 만나 ² 이르되 너희가 믿을 때에 성령을 받았느냐 이르되 아니라 우리는 성령이 계심도 듣지 못하였노라 ³ 바울이 이르되 그러면 너희가 무슨 세례를 받았느냐 대답하되 요한의 세례니라 ⁴ 바울이 이르되 요한이 회개의 세례를 베풀며 백성에게 말하되 내 뒤에 오시는 이를 믿으라 하였으니 이는 곧 예수라 하거늘 ⁵ 그들이 듣고 주 예수의 이름으로 세례를 받으니 ⁶ 바울이 그들에게 안수하매 성령이 그들에게 임하시므로 방언도 하고 예언도 하니 ⁷ 모두 열두 사람쯤 되니라

마음의 문을 열며

제3차 선교여행에 나선 바울은 지금의 터어키 중앙 지역을 도보로 가로질러 에베소에 이르게 된다. 그 당시 그의 선교 사역이 얼마나 힘들고 뼈를 깎는 수고를 해야 했는지는 지도를 가지고 그가 다닌 지역을 조금만 따라가 보면 충분히 짐작할 수 있다. 강의 위험, 강도의 위험, 시내의 위험, 광야의 위험 등 그가 겪는 어려움은 한두 가지가 아니었을 것이다(고후 11:26-27). 이처럼 죽도록 충성한 위대한 사도들의 터 위에 우리가 세움을 입고 하나님의 자녀로 세상을 살게 되었다는 사실을 한시도 잊지 말아야 할 것이다. 이 시간에는 에베소 사역이 어떻게 시작되었는가를 함께 배워보도록 하자.

말씀의 씨를 뿌리며

1 아볼로는 어떤 인물인가?(24-25절)

2 아볼로가 회당에서 예수를 증거하는 말을 듣고 브리스길라와 그의 남편은 어떻게 했는가?(26절)

3 바울이 에베소에서 복음을 전하기 전에 아볼로와 같은 사람들을 통해 예수의 이름이 어느 정도 사람들에게 알려져 있었던 것 같다. 그러나 그들이 전한 복음은 온전한 것이 못되었다. 브리스길라 부부가 아볼로를 따로 만나 잘못된 점과 미흡한 점을 수정해 준 것을 보아도 알 수 있다. 아볼로처럼 머리로 배워서 많은 성경지식을 가진 사람들에게서 발견할 수 있는 미흡한 점들이 있다면 어떤 것일까? 그리고 우리에게는 아볼로와 같은 약점은 없는지 살펴보자.

4 비록 성령의 능력과 체험적인 신앙이 부족했다 할지라도 주님은 아볼로를 유용하게 사용하셨다. 이 사실에 대해 본문은 무엇이라고 이야기하고 있는가?(27-28절)

5 바울은 21절의 약속대로 에베소를 다시 찾았다. 그곳은 몇 년 전에 성령이 복음을 전하지 못하도록 막았던 지역이었다. 그러나 이제는 그곳에서 일하는 것이 하나님의 뜻이었다. 우리는 왜 어느 때는 막으시고 지금은 허락하시는지 알 수 없다. 다만 바울이 에베소 선교에 대단히 큰 비중을 두고 있었음은 알 수 있다. 바울이 만난 사람들은 누구이며, 그들과 나눈 이야기는 무엇인가?(1-3절)

6 바울이 안수하자 어떤 일이 일어났는가?(4-7절)

7 믿는 사람은 반드시 성령세례를 받아야 한다. 아래의 글을 읽은 후에 고린도전서 2장 12-15절을 가지고 정리해 보자.

열두 사람이 성령을 받은 내용은 아직도 많은 논쟁이 계속되고 있는 어려운 말씀이다. 바울이 만난 사람들이 이미 예수를 믿고 있었던 자들인지, 아니면 진짜 그리스도인이 아니었는지가 논쟁의 초점이 되고 있다. 한편에서는 이렇게 주장한다. 그들은 겉으로만 믿는 체한 사람들이었다. 그러므로 그들이 중생받기 위해서는 성령세례를 받아야 했다는 것이다. 예수를 믿는 자는 누구나 하나님이 약속하신 선물인 성령을 받을 수 있기 때문이다. 단지 초대교회에서는 방언, 예언 같은 눈에 보이는 독특한 사건들이 성령 받을 때 있었다는 것이 지금과 차이가 있을 뿐이라고 본다. 다른 한 편에서는 그들이 이미 중생 받은 사람들이었다고 주장한다. 그러므로 바울이 안수한 목적은 중생 받게 하는 데 목적이 있는 것이 아니고 다시 한 번 성령을 체험시키는 데 있었다고 본다. 따라서 지금도 모든 그리스도인은 새로운 성령체험을 해야 한다고 주장한다. 솔직히 말해 우리는 어느 편이 옳다 틀렸다 판단하기가 매우 곤란하다. 본문의 내용은 양쪽 주장 모두를 뒷받침할 수 있을 정도로 애매한 면을 가지고 있기 때문이다. 그러나 우리가 확실히 말할 수 있는 점은 예수님을 구주로 고백하는 자는 반드시 성령세례를 받아야 한다는 것이다. 무슨 체험을 했느냐가 중요한 것이 아니고 성령을 받았느냐가 중요한 것이다. 교회 안에서 물세례만 아는 그리스도인이란 있을 수 없기 때문이다.

8 바울과 에베소의 제자들이 주고받은 이야기 가운데 4절을 주의해서 보라. 믿는다고 말하던 그들에게서 석연치 못한 점을 발견할 수 있다. 브리스길라의 눈에 아볼로가 복음에 대해 무언가 부족하게 보였던 것처럼 말이다. 그것이 무엇이라고 생각하는가?

_____

_____

_____

9 우리는 예수님이 나의 구주이심을 확신하는 것 못지않게 성령의 선물을 받은 사람이라는 것을 확신할 수 있어야 한다. 만일 당신을 보고 믿을 때에 성령을 받았느냐고 누가 질문한다면 어떻게 대답하겠는가? 당신이 성령을 받은 사람이라는 확신을 뒷받침할 수 있는 사례를 있는 대로 적어 보라.

_____

_____

_____

 삶의 열매를 거두며

성령을 받았으면 성령의 은혜를 매일 체험할 수 있어야 한다. 이 시간 우리가 다시 한 번 성령의 충만을 받도록 마음을 모아 기도하자.

주의 말씀이 흥왕해지다

사도행전 19:8-20

8 바울이 회당에 들어가 석 달 동안 담대히 하나님 나라에 관하여 강론하며 권면하되 9 어떤 사람들은 마음이 굳어 순종하지 않고 무리 앞에서 이 도를 비방하거늘 바울이 그들을 떠나 제자들을 따로 세우고 두란노 서원에서 날마다 강론하니라 10 두 해 동안 이같이 하니 아시아에 사는 자는 유대인이나 헬라인이나 다 주의 말씀을 듣더라 11 하나님이 바울의 손으로 놀라운 능력을 행하게 하시니 12 심지어 사람들이 바울의 몸에서 손수건이나 앞치마를 가져다가 병든 사람에게 얹으면 그 병이 떠나고 악귀도 나가더라 13 이에 돌아다니며 마술하는 어떤 유대인들이 시험삼아 악귀 들린 자들에게 주 예수의 이름을 불러 말하되 내가 바울이 전파하는 예수를 의지하여 너희에게 명하노라 하더라 14 유대의 한 제사장 스게와의 일곱 아들도 이 일을 행하더니 15 악귀가 대답하여 이르되 내가 예수도 알고 바울도 알거니와 너희는 누구냐 하며 16 악귀 들린 사람이 그들에게 뛰어올라 눌러 이기니 그들이 상하여 벗은 몸으로 그 집에서 도망하는지라 17 에베소에 사는 유대인과 헬라인들이 다 이 일을 알고 두려워하며 주 예수의 이름을 높이고 18 믿은 사람들이 많이 와서 자복하여 행한 일을 알리며 19 또 마술을 행하던 많은 사람이 그 책을 모아 가지고 와서 모든 사람 앞에서 불사르니 그 책값을 계산한즉 은 오만이나 되더라 20 이와 같이 주의 말씀이 힘이 있어 흥왕하여 세력을 얻으니라

마음의 문을 열며

에베소에서 복음을 전하는 것은 바울의 오랜 소망이었다. 그래서인지 3년이라는 짧지 않은 기간을 머물면서 부지런히 전하고 가르쳤다. 그가 얼마나 혼신의 힘을 쏟았으며 그 열매가 얼마나 놀라운 것이었는지를 우리는 19-20장을 통해 자세히 볼 수 있다. 그가 왜 에베소를 그토록 중요하게 여겼는지 우리는 그 이유를 알 수 없다. 하지만 한 가지 분명히 말할 수 있는 것은 모든 것이 성령의 인도하심이었다는 사실이다. 이제 우리는 바울이 에베소에서 펼친 선교 활동과 그곳에서 나타난 복음의 능력을 배우려고 한다. 바울과 함께했던 성령의 은혜가 우리에게도 동일하게 역사하시기를 기도하면서 말씀 앞에 서도록 하자.

1 바울은 어디에서 어디로 선교 센터를 옮겼으며, 그렇게 한 이유는 무엇인가?(8-9절)

2 회당과 두란노서원에서 바울은 말씀을 강론하는 일에 힘을 쏟았다. 즉, 성경을 풀어서 가르치는 데 집중했다. 물론 이것은 원래 바울이 즐겨 사용한 전도 방법이었다. 하지만 3년 가까이 이 일을 계속한 에베소에서는 그 열매 역시 특별했던 것을 발견하게 된다. '아시아에 사는', '다 듣더라'는 말들에 주목하면서 그의 능력 있는 강론으로 인해 나타난 영향을 살펴보라(10절).

3 당신은 말씀을 풀어서 가르치는 시간에 얼마나 열심히 참석해서 배우는가? 그동안 참석했거나 현재 참석하고 있는 프로그램이 있다면 생각나는 대로 말해 보라.

4 에베소에서는 특별히 바울을 통해 신유의 은사가 나타났다. 어떤 일들이 있었는가? 사도행전의 기록을 보면 에베소에서 행했던 이적은 바울에게 있어서 전무후무한 사건임을 알 수 있다. 이 사실이 우리에게 가르쳐주는 것은 무엇이라고 생각하는가?(11-12절)

_____

_____

_____

5 바울이 놀라운 능력을 예수의 이름으로 행하는 것을 보고 그를 모방하는 사탄의 종들이 여기저기에서 나타났다. 그 내용을 말해 보라(13절).

_____

_____

_____

6 사탄은 성령의 일을 흉내 내면서 사람들을 유혹하기도 한다. 말세가 가까워질수록 이런 일은 더욱 빈번해질 것이라고 성경은 말한다. 다음 성구를 가지고 이 사실을 살펴보라.

　○ 마태복음 7장 22-23절 /

_____

　○ 마태복음 24장 24절 /

_____

　○ 고린도후서 11장 13-15절 /

_____

7 겉으로 보기에는 사탄이 복음을 방해하는 일에 성공한 것처럼 보인다. 하지만 주님께서는 그것까지도 자신의 도구로 사용하고 계신다. 이 사실을 스게와의 아들들의 이야기를 가지고 설명해 보라(14-18절).

8 마귀와 악령들은 누구보다 예수 그리스도에 대해 잘 알며 그를 믿는 성도들을 정확히 분별한다. 그러므로 마귀는 우리를 잘 알기 때문에 오히려 떨며 가급적 피하려고 한다. 이 사실이 우리에게 주는 은혜는 무엇인가?(막 5:6-7; 약 2:19, 4:7)

9 마술사들의 세계에 어떤 일이 일어났는가? 이것을 보며 각자 느낀 점을 말해 보라(19절).

삶의 열매를 거두며

마술사들이 예수를 믿자마자 생계수단이었던 마술서적을 불태워 버린 일은 우리에게 큰 충격을 준다. 우리는 마술사처럼 예수를 믿고 철저히 회개하였는지 조용히 눈을 감고 반성해 보자. 완전히 버리지 못한 것이 무엇인지, 아직도 남아서 신앙생활을 방해하고 있는 것이 무엇인지 각자 솔직하게 이야기해 보자.

Lesson 44

예루살렘에 가기로 작정하다

사도행전 19:21-41

21 이 일이 있은 후에 바울이 마게도냐와 아가야를 거쳐 예루살렘에 가기로 작정하여 이르되 내가 거기 갔다가 후에 로마도 보아야 하리라 하고 22 자기를 돕는 사람 중에서 디모데와 에라스도 두 사람을 마게도냐로 보내고 자기는 아시아에 얼마 동안 더 있으니라 23 그 때쯤 되어 이 도로 말미암아 적지 않은 소동이 있었으니 24 즉 데메드리오라 하는 어떤 은장색이 은으로 아데미의 신상 모형을 만들어 직공들에게 적지 않은 벌이를 하게 하더니 25 그가 그 직공들과 그러한 영업하는 자들을 모아 이르되 여러분도 알거니와 우리의 풍족한 생활이 이 생업에 있는데 26 이 바울이 에베소뿐 아니라 거의 전 아시아를 통하여 수많은 사람을 권유하여 말하되 사람의 손으로 만든 것들은 신이 아니라 하니 이는 그대들도 보고 들은 것이라 27 우리의 이 영업이 천하여질 위험이 있을 뿐 아니라 큰 여신 아데미의 신전도 무시 당하게 되고 온 아시아와 천하가 위하는 그의 위엄도 떨어질까 하노라 하더라 28 그들이 이 말을 듣고 분노가 가득하여 외쳐 이르되 크다 에베소 사람의 아데미여 하니 29 온 시내가 요란하여 바울과 같이 다니는 마게도냐 사람 가이오와 아리스다고를 붙들어 일제히 연극장으로 달려 들어가는지라 30 바울이 백성 가운데로 들어가고자 하나 제자들이 말리고 31 또 아시아 관리 중에 바울의 친구된 어떤 이들이 그에게 통지하여 연극장에 들어가지 말라 권하더라 32 사람들이 외쳐 어떤 이는 이런 말을, 어떤 이는 저런

말을 하니 모인 무리가 분란하여 태반이나 어찌하여 모였는지 알지 못하더라 33 유대인들이 무리 가운데서 알렉산더를 권하여 앞으로 밀어내니 알렉산더가 손짓하며 백성에게 변명하려 하나 34 그들은 그가 유대인인 줄 알고 다 한 소리로 외쳐 이르되 크다 에베소 사람의 아데미여 하기를 두 시간이나 하더니 35 서기장이 무리를 진정시키고 이르되 에베소 사람들아 에베소 시가 큰 아데미와 에게서 내려온 우상의 신전지기가 된 줄을 누가 알지 못하겠느냐 36 이 일이 그렇지 않다 할 수 없으니 너희가 가만히 있어서 무엇이든지 경솔히 아니하여야 하리라 37 신전의 물건을 도둑질하지도 아니하였고 우리 여신을 비방하지도 아니한 이 사람들을 너희가 붙잡아 왔으니 38 만일 데메드리오와 그와 함께 있는 직공들이 누구에게 고발할 것이 있으면 재판 날도 있고 총독들도 있으니 피차 고소할 것이요 39 만일 그 외에 무엇을 원하면 정식으로 민회에서 결정할지라 40 오늘 아무 까닭도 없는 이 일에 우리가 소요 사건으로 책망 받을 위험이 있고 우리는 이 불법 집회에 관하여 보고할 자료가 없다 하고 41 이에 그 모임을 흩어지게 하니라

마음의 문을 열며

아시아 지역에서 가장 성공적인 사역을 에베소에서 펼치고 있던 바울은 그곳을 떠나기로 결심했다. 복음을 한 곳에서만 전하는 것으로 만족할 수 없었기 때문이었다. 이런 바울의 결심을 부채질이라도 하듯이, 에베소 전체를 떠들썩하게 만든 큰 소요가 일어났다. 그동안 기회를 노리고 있던 한 떼의 무리들이 목소리를 모아 바울과 그를 통해 믿게 된 자들을 향해 노골적으로 도전한 것이다. 바울은 이 소동을 보며 에베소를 떠나라는 하나님의 음성으로 받아들인 것 같다.

1 큰 부흥이 일어나고 있었음에도 바울은 에베소를 떠날 계획을 세우고 있었다. 그 계획은 무엇인가?(21절)

2 "후에 로마도 보아야 하리라"는 말에는 어떤 의미가 담겨 있는가?(참고 / 행 23:11; 롬 1:13, 15:23)

3 우리가 비록 사도 바울은 아닐지라도 그가 가슴속에 간직하고 있었던 로마의 꿈, 세계 선교의 비전은 동일하게 품고 있어야 한다. 왜냐하면 이 비전은 바울의 것이라기보다는 우리 안에 계시는 예수 그리스도의 꿈이기 때문이다. 당신이 이런 꿈을 가지고 있다면 그것을 무엇으로 증명할 수 있는가?

4 에베소에서 발생한 소동에 대해 간단히 요약해 보라(23-32절).

_____

_____

_____

5 아래의 글을 읽고 우리나라 종교 현실을 평소에 어떻게 느끼고 있는지 말해 보자.

━━◦◦◦◦◦━━

아데미는 헬라의 여신으로 맹수와 달의 신이자 가정의 수호신이었다. 헬라인들은 이 여신에게 경의를 표하느라 신전을 건축했다. 아데미 신전은 고대 세계의 7대 불가사의 중 하나로 꼽히고 있는데 바울 당시 이미 5백년 가까운 역사를 자랑하고 있었다. 이 여신을 숭배하는 자들은 은, 대리석, 테라코타라고 하는 재료로 만든 작은 아데미 모형을 신전에 놓기도 하고 가정에다 모시기도 하였다. 은장색들은 이 작은 신상을 만들어 파는 자들이었다. 우리나라는 아직도 전 인구의 절반 가까이 되는 사람들이 뒷산에 있는 불당에 가서 우상을 숭배하거나 작은 불상이나 부적 같은 것을 집에 갖다 놓고 절하고 있다. 이 백성을 하루 빨리 우상숭배로부터 해방시킬 책임이 우리에게 있음을 잊어서는 안될 것이다.

_____

_____

_____

_____

6 소동을 진정시킨 서기장은 대단히 사려 깊고 법에 밝은 사람이었다. 그
가 한 말의 요지는 무엇이었는가? 그리고 바울과 그의 일행은 어떤 면에
서 전도를 지혜롭게 했는지 생각해 보라(35-41절).

7 우리 역시 전도를 하다가 너무 흥분한 나머지 타종교에 대해 과격한 언
동으로 오히려 복음의 길을 막는 경우가 종종 있다. 주님은 제자들을 보
내시면서, 복음의 증인은 뱀처럼 지혜롭고 비둘기처럼 순결해야 한다고
말씀하셨다. 이 말씀의 진의가 무엇인지 각자 깨달은 대로 말해 보라(마
태복음 10장 16절).

8 유대인들은 종교 문제에 예민한 반응을 보였지만 이방인들은 경제 문
제에 더 민감하게 반응하였다. 데메드리오가 민심을 선동할 수 있었던
이유도 '장사 안 된다, 손해를 본다' 등의 경제적인 문제를 건드렸기 때
문이었다. 왜 그들은 망하게 되었다고 법석을 떨었는가?

9 지금도 교회 때문에 손해 본다며 문제를 일으키는 자들이 더러 있다. 현대판 은장색 영업자들은 어떤 자들인가?

 삶의 열매를 거두며

우상 제조업에 종사하던 자들이 그렇게 소란을 떨었다는 사실은 오히려 복음의 능력이 얼마나 대단했는지를 입증할 수 있는 좋은 사례라고 할 수 있다. 복음의 나팔소리가 힘이 없었더라면 그들도 잠잠했을 것이다. 만일 교회가 전하는 복음 때문에 유흥가에 드나들던 손님이 줄고 술집을 그만두는 주인들이 늘어난다면 앙심을 품은 사람들이 틀림없이 소동을 일으킬 것이다. 사실 이 정도까지 충격을 줄 수 있어야 기독교가 기독교답다고 할 수 있을 것이다. 불행하게도 한국 교회의 주변은 너무도 조용하다. 이것이 어찌 정상이라 할 수 있겠는가? 각자의 생각을 솔직하게 이야기해 보라. 그리고 에베소의 부흥이, 십자가의 복음의 능력이 우리나라 곳곳에서 다시 일어날 수 있도록 합심해서 기도하자.

날이 새도록 말씀을 나누다

사도행전 20:1-16

¹ 소요가 그치매 바울은 제자들을 불러 권한 후에 작별하고 떠나 마게도냐로 가니라 ² 그 지방으로 다녀가며 여러 말로 제자들에게 권하고 헬라에 이르러 ³ 거기 석 달 동안 있다가 배 타고 수리아로 가고자 할 그 때에 유대인들이 자기를 해하려고 공모 하므로 마게도냐를 거쳐 돌아가기로 작정하니 ⁴ 아시아까지 함께 가는 자는 베뢰아 사람 부로의 아들 소바더와 데살로니가 사람 아리스다고와 세군도와 더베 사람 가 이오와 및 디모데와 아시아 사람 두기고와 드로비모라 ⁵ 그들은 먼저 가서 드로아에 서 우리를 기다리더라 ⁶ 우리는 무교절 후에 빌립보에서 배로 떠나 닷새 만에 드로 아에 있는 그들에게 가서 이레를 머무니라 ⁷ 그 주간의 첫날에 우리가 떡을 떼려 하 여 모였더니 바울이 이튿날 떠나고자 하여 그들에게 강론할새 말을 밤중까지 계속 하매 ⁸ 우리가 모인 윗 다락에 등불을 많이 켰는데 ⁹ 유두고라 하는 청년이 창에 걸 터앉아 있다가 깊이 졸더니 바울이 강론하기를 더 오래 하매 졸음을 이기지 못하여 삼 층에서 떨어지거늘 일으켜보니 죽었는지라 ¹⁰ 바울이 내려가서 그 위에 엎드려 그 몸을 안고 말하되 떠들지 말라 생명이 그에게 있다 하고 ¹¹ 올라가 떡을 떼어 먹 고 오랫동안 곧 날이 새기까지 이야기하고 떠나니라 ¹² 사람들이 살아난 청년을 데 리고 가서 적지 않게 위로를 받았더라 ¹³ 우리는 앞서 배를 타고 앗소에서 바울을 태 우려고 그리로 가니 이는 바울이 걸어서 가고자 하여 그렇게 정하여 준 것이라 ¹⁴ 바

울이 앗소에서 우리를 만나니 우리가 배에 태우고 미둘레네로 가서 15 거기서 떠나 이튿날 기오 앞에 오고 그 이튿날 사모에 들르고 또 그 다음 날 밀레도에 이르니라 16 바울이 아시아에서 지체하지 않기 위하여 에베소를 지나 배 타고 가기로 작정하였으니 이는 될 수 있는 대로 오순절 안에 예루살렘에 이르려고 급히 감이러라

 마음의 문을 열며

바울은 에베소를 떠나 마게도니아로 향했다. 마게도니아 지역에서는 고린도 교회를 비롯 2차 선교여행 시에 뿌려진 복음의 새싹들이 여러 어린 교회에서 자라고 있었다. 아마도 바울은 그들을 방문하여 격려하고 신앙을 굳건하게 할 필요를 느꼈던 것 같다. 하지만 그의 방문은 일시적이었다. 왜냐하면 그는 지금 예루살렘으로 돌아갈 계획을 세우고 있었기 때문이다. 길을 재촉해야 함에도 불구하고 바울은 환란 중에 있는 양떼들을 떼어 놓고 가는 것이 너무 안타까웠던 것 같다. 양떼를 위해 가슴 태우는 선한 목자의 심정을 본문에서 만나게 된다.

1 바울과 그의 일행이 예루살렘으로 가면서 여행했던 지역들을 지도를 보면서 짚어 보도록 하자(1-6, 13-16절).

2 바울은 마게도니아 지방을 여행하면서 고린도 교회의 소식을 기다리고 있었다. 교회 안에 분쟁이 생기고 우상 제물, 음행 등 여러 가지 복잡한 문제들로 인해 시험을 당하고 있다는 소식을 에베소에서 전해 들었기 때문이다. 이로 인해 오래 전에 편지를 보낸 일이 있었지만, 이후의 소식이 궁금했을 것이다. 마침 그때 디도가 도착하여 교회가 편지를 읽고 크게 회개하고 화해하는 분위기가 되었다는 기쁜 소식을 전해 주었다. 그러자 바울은 즉시 두 번째 편지(고린도후서)를 써서 보내게 된다. 당시 바울이 겪었을 심적 고통과 이 소식을 전해 들은 후 바울의 심정에 대해 고린도후서 7장 5-7절을 가지고 말해 보라.

3 드디어 고린도에 도착한 바울은 사랑하는 교우들과 석 달 동안 같이 지내며, 이 기간에 그는 로마서를 기록하게 된다. 그리고 봄이 돌아오자 바울은 자기 일행과 함께 예루살렘을 향해 떠난다. 원래는 배로 수리아까지 직행할 계획이었으나 그렇게 할 수가 없었다. 그 이유는 무엇이었나?(3절)

_____

_____

_____

4 바울은 어쩔 수 없이 육로로 돌아서 드로아까지 가기로 했다. 그리고 일행을 둘로 나누어 이동하기로 했다. 성경은 두 팀을 어떻게 소개하고 있는가?(4-6절)

_____

_____

5 드로아에서는 믿는 자들과 함께 주일 집회를 가졌다. 이 집회의 두드러진 두 가지 내용은 무엇인가?(7절)

_____

_____

_____

_____

6 오늘날 주일 예배에 대해 말씀 강론을 중시하지만 성찬을 소홀히 한다는 비판을 듣는 경우가 있다. 초대교회에서는 모일 때마다 떡을 떼고 잔을 마셨다고 보기 때문일 것이다. 당신의 생각은 어떤가? 예배 시간에 성찬식을 가질 때와 설교만 듣고 마칠 때 은혜 면에서 큰 차이를 느끼는가? 만약 주일마다 떡을 뗀다면 어떻게 되겠는가?

7 유두고에게 일어났던 사고에 대해 간단히 설명해 보라(8-12절)

8 예배 시간에 잘 조는 사람을 당신은 어떻게 생각하는가? 유두고를 놓고 믿음이 형편없다거나 영적으로 어두운 사람이라고 비판할 수 있을까?

9 초대교회 신자들의 70%가 노예거나 노예 출신이었다는 이야기가 있다. 만일 이것이 사실이라면 그들은 틀림없이 주일에 쉬지 못했을 것이다. 하루 종일 일하다 저녁에 겨우 틈을 내서 예배에 나왔을 것이다. 그럼에도 새벽까지 말씀을 듣기 위해 자리를 뜨지 않는 그들을 보면서 느끼는 바가 많다. 당신의 느낌을 말해 보라. 그리고 당신은 이들처럼 말씀 듣기를 사모하는 사람인지 반성해 보라.

 삶의 열매를 거두며

당시 성도들은 환란 중에 신앙을 지키고 있었다. 그래서 그들은 뜨거웠고 헌신적이었다. 반면 평안한 생활에 젖어 있는 우리는 이기적이며 신앙의 열정이 식어 있다. 교회가 다시 한 번 밤새도록 말씀을 전하고 듣는 영적 부흥이 회복되기를 소원한다. '주여 말씀의 열정을 주옵소서' 라고 함께 기도하자.

에베소 장로에게 고별 설교를 하다(1)

사도행전 20:17-27

17 바울이 밀레도에서 사람을 에베소로 보내어 교회 장로들을 청하니 18 오매 그들에게 말하되 아시아에 들어온 첫날부터 지금까지 내가 항상 여러분 가운데서 어떻게 행하였는지를 여러분도 아는 바니 19 곧 모든 겸손과 눈물이며 유대인의 간계로 말미암아 당한 시험을 참고 주를 섬긴 것과 20 유익한 것은 무엇이든지 공중 앞에서나 각 집에서나 거리낌이 없이 여러분에게 전하여 가르치고 21 유대인과 헬라인들에게 하나님께 대한 회개와 우리 주 예수 그리스도께 대한 믿음을 증언한 것이라 22 보라 이제 나는 성령에 매여 예루살렘으로 가는데 거기서 무슨 일을 당하는지 알지 못하노라 23 오직 성령이 각 성에서 내게 증언하여 결박과 환난이 나를 기다린다 하시나 24 내가 달려갈 길과 주 예수께 받은 사명 곧 하나님의 은혜의 복음을 증언하는 일을 마치려 함에는 나의 생명조차 조금도 귀한 것으로 여기지 아니하노라 25 보라 내가 여러분 중에 왕래하며 하나님의 나라를 전파하였으나 이제는 여러분이 다 내 얼굴을 다시 보지 못할 줄 아노라 26 그러므로 오늘 여러분에게 증언하거니와 모든 사람의 피에 대하여 내가 깨끗하니 27 이는 내가 꺼리지 않고 하나님의 뜻을 다 여러분에게 전하였음이라

마음의 문을 열며

바울은 지나는 길에 밀레도에서 에베소 교회 장로들을 청하였다. 그들과 헤어지기 전에 바울은 고별 설교를 전했는데, 이 설교는 가장 감동적이고 사랑이 넘치는 불후의 메시지가 되었다. 양떼를 위해 목숨을 버리는 선한 목자의 순수한 심정이 격한 파도처럼 일고 있는 것을 느끼게 된다. 이 시간 눈물을 머금고 진지하게 한 마디 한 마디 토해내는 위대한 사도의 음성에 에베소 교회 장로의 심정으로 귀를 기울이도록 하자.

1 바울은 에베소에서 3년 동안 어떻게 목회 하였는지 장로들에게 상기시킨다. 그 내용이 무엇인지 크게 네 가지로 정리해 보라(18-21절).

2 이 가운데 당신에게 가장 큰 감동을 주는 내용이 무엇이며, 왜 그것이 감동이 되는지 말해 보라.

3 바울이 생명의 위험을 무릅쓰고 예루살렘으로 가려는 이유가 어디에 있는가?(22-23절)

4 성령에 매여 혹은 성령에 이끌려서 자신이 원하지 않는 일을 해 본 경험이 있는가?

_____

_____

_____

5 24절을 외우라. 이러한 고백은 바울과 같은 목회자에게만 해당되는 것인가? 일반 성도들은 이렇게 말할 자격이나 필요가 없는 사람들일까? 이에 대한 당신의 생각을 말해 보라(참고 / 롬 14:7-9).

_____

_____

_____

6 바울은 영혼을 책임진 지도자로서 교회의 머리이신 예수 그리스도 앞에서 목회자의 양심 선언을 하고 있다. 그 내용을 살펴보라(26-27절).

_____

_____

_____

7 27절을 20절과 비교해 보라. 꺼지지 않고 전하였다는 말 속에 담겨 있는 의미는 무엇인가?

8 현대 교회는 대개가 양심을 찌르는 설교, 죄를 나무라는 설교, 부담을 주는 설교를 좋아하지 않는다. 그리고 이런 설교를 자주하면 현명하지 못한 목회자로 여긴다. 왜 이런 경향이 위험하고 해로운가? 만일 바른 말씀이요 유익한 말씀임에도 불구하고 사람들에게 인기가 없다는 이유로 인간의 눈치만 보면서 말씀을 액면 그대로 전하지 않는 목회자가 있다면 당신은 이런 지도자를 환영하겠는가?(참고 / 렘 6:10)

9 당신의 영혼을 아끼는 마음 때문에 서로의 관계가 나빠질지 모르는 위험 부담을 무릅쓰고 아무 거리낌 없이 목회자가 당신을 찾아와 충고하거나 책망한 일이 있는가? 기억나는 일이 있으면 나눠 보라. 그때 당신은 어떻게 반응했는가?

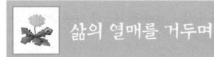
삶의 열매를 거두며

우리에게는 바울처럼 유익한 것이면 무슨 말씀이든지 꺼리지 않고 가르치고 권면하는 지도자가 필요하다. 참 목자를 얻는 것은 복 중의 복이다. 따라서 이 복을 평생 누리게 해 달라고 항상 기도해야 한다. 이를 위해 함께 기도하는 시간을 갖자.

에베소 장로에게 고별설교를 하다(2)

사도행전 20:28-38

28 여러분은 자기를 위하여 또는 온 양 떼를 위하여 삼가라 성령이 그들 가운데 여러분을 감독자로 삼고 하나님이 자기 피로 사신 교회를 보살피게 하셨느니라 29 내가 떠난 후에 사나운 이리가 여러분에게 들어와서 그 양 떼를 아끼지 아니하며 30 또한 여러분 중에서도 제자들을 끌어 자기를 따르게 하려고 어그러진 말을 하는 사람들이 일어날 줄을 내가 아노라 31 그러므로 여러분이 일깨어 내가 삼 년이나 밤낮 쉬지 않고 눈물로 각 사람을 훈계하던 것을 기억하라 32 지금 내가 여러분을 주와 및 그 은혜의 말씀에 부탁하노니 그 말씀이 여러분을 능히 든든히 세우사 거룩하게 하심을 입은 모든 자 가운데 기업이 있게 하시리라 33 내가 아무의 은이나 금이나 의복을 탐하지 아니하였고 34 여러분이 아는 바와 같이 이 손으로 나와 내 동행들이 쓰는 것을 충당하여 35 범사에 여러분에게 모본을 보여준 바와 같이 수고하여 약한 사람들을 돕고 또 주 예수께서 친히 말씀하신 바 주는 것이 받는 것보다 복이 있다 하심을 기억하여야 할지니라 36 이 말을 한 후 무릎을 꿇고 그 모든 사람들과 함께 기도하니 37 다 크게 울며 바울의 목을 안고 입을 맞추고 38 다시 그 얼굴을 보지 못하리라 한 말로 말미암아 더욱 근심하고 배에까지 그를 전송하니라

마음의 문을 열며

계속해서 바울의 고별 설교를 다루려고 한다. 지난 시간에 배운 중요한 내용을 다시 한 번 되새겨 보도록 하자. 누구나 마지막일지 모른다는 비장한 심정으로 말한다면 그 말에는 그 사람의 신앙, 철학, 꿈이 전부 녹아 있기 마련이다. 그래서인지 이런 말에는 사람을 사로잡는 힘이 있다. 굳은 마음도 녹일 수 있는 열정과 감화력이 있는 것이다. 바울의 고별 설교가 바로 그랬다. 주님을 향하고 교회를 위한 그의 순수한 사랑을 우리도 갖게 되기를 바라며 모임을 시작하도록 하자.

1 바울이 에베소 장로들에게 엄한 경고와 함께 가장 먼저 간절하게 당부한 것은 무엇인가?(28-30절)

2 왜 이단을 경계하는 것이 그렇게 시급하고 중요할까? '사나운 이리', '어그러진 말' 이라는 용어를 중심으로 생각해 보라.

3 교회를 이단의 교훈에서 지킬 수 있는 지름길은 무엇인가?(31-32절)

4 초대교회에서는 목사, 장로, 감독이라는 직분이 거의 같은 의미로 사용
되었다. 그러므로 장로와 목사가 구별이 잘 안 되었다. 지금도 장로교회
에서는 목사를 장로 직으로 보고 있다. 바울은 장로의 권위와 책임이 무
엇이라고 했는가?(28절)

_____

_____

_____

5 요즈음 목사나 장로의 직분은 성령이 불러 세워주셔야 감당할 수 있는
것이다. 그런데 요즘 들어 이 사실을 망각하는 사람들이 많은 것 같다.
일종의 명예직으로 알고 어떻게 해서든지 장로가 되고 싶어 하는 사람
들이 있다. 이런 태도가 옳다고 생각하는가? 잘못 되었다면 그 이유는
무엇인가?

_____

_____

_____

6 바울은 자기가 훈계하던 말씀이 곧 주님의 말씀이요 은혜의 말씀이라
고 했다. 왜 그렇게 말할 수 있는가? (참고 / 벧후 1:20-21, 3:15-16)

_____

_____

_____

7 하나님의 말씀을 굳게 붙드는 자에게 약속된 은혜가 무엇인가?(32절)

8 목회자로서 바울은 두 번째로 양심선언을 하였다. 그것이 무엇인가?(34절)

9 바울은 할 수 있는 대로 어린 교인들에게 경제적인 짐을 지우지 않으려고 했다. 그래서 손수 벌어서 생활할 때가 많았다. 그렇게 하는 것이 그의 처지에서는 가장 최선의 길이었을 것이다. 그렇다고 모든 목회자가 바울 식으로 해야 한다고 생각하면 잘못이다. 왜 그런가?(참고 / 눅 10:7; 딤전 5:18)

10 교회가 재정적으로 부족하지 않음에도 불구하고 목회자가 생활비를 충분히 받지 못해 어려움을 당한다면 그 손해는 목회자 자신보다 양떼들이 당하게 된다. 어떤 손해를 보겠는가?

_____

_____

_____

_____

 ## 삶의 열매를 거두며

고별 설교를 마치고 기도하는 장면은 우리에게 큰 감동을 준다(36-38절). 무릎 꿇고 기도하여 목을 안고 우는 그들의 모습에서 목자와 양떼의 관계가 얼마나 아름다운 것인지를 우리는 다시 한 번 보게 되는 것이다. 우리가 몸담고 있는 교회도 이렇게 되어야 할 것이다. 특히 목사와 장로들의 사이가 끊을 수 없는 사랑의 줄에 묶여 있어야 한다. 그렇게 되기 위해 우리가 교회를 위해 열심히 기도해야 할 제목들이 무엇인지 생각해 보도록 하자. 무엇부터 기도하는 것이 좋을까?

죽을 것을 각오하였노라

사도행전 21:1-16

1 우리가 그들을 작별하고 배를 타고 바로 고스로 가서 이튿날 로도에 이르러 거기서부터 바다라로 가서 2 베니게로 건너가는 배를 만나서 타고 가다가 3 구브로를 바라보고 이를 왼편에 두고 수리아로 항해하여 두로에서 상륙하니 거기서 배의 짐을 풀려 함이러라 4 제자들을 찾아 거기서 이레를 머물더니 그 제자들이 성령의 감동으로 바울더러 예루살렘에 들어가지 말라 하더라 5 이 여러 날을 지낸 후 우리가 떠나갈새 그들이 다 그 처자와 함께 성문 밖까지 전송하거늘 우리가 바닷가에서 무릎을 꿇어 기도하고 6 서로 작별한 후 우리는 배에 오르고 그들은 집으로 돌아가니라 7 두로를 떠나 항해를 다 마치고 돌레마이에 이르러 형제들에게 안부를 묻고 그들과 함께 하루를 있다가 8 이튿날 떠나 가이사랴에 이르러 일곱 집사 중 하나인 전도자 빌립의 집에 들어가서 머무르니라 9 그에게 딸 넷이 있으니 처녀로 예언하는 자라 10 여러 날 머물러 있더니 아가보라 하는 한 선지자가 유대로부터 내려와 11 우리에게 와서 바울의 띠를 가져다가 자기 수족을 잡아매고 말하기를 성령이 말씀하시되 예루살렘에서 유대인들이 이같이 이 띠 임자를 결박하여 이방인의 손에 넘겨 주리라 하거늘 12 우리가 그 말을 듣고 그 곳 사람들과 더불어 바울에게 예루살렘으로 올라가지 말라 권하니 13 바울이 대답하되 여러분이 어찌하여 울어 내 마음을 상하게 하느냐 나는 주 예수의 이름을 위하여 결박당할 뿐 아니라 예루살렘에서 죽을 것도

각오하였노라 하니 ¹⁴ 그가 권함을 받지 아니하므로 우리가 주의 뜻대로 이루어지이다 하고 그쳤노라 ¹⁵ 이 여러 날 후에 여장을 꾸려 예루살렘으로 올라갈새 ¹⁶ 가이사랴의 몇 제자가 함께 가며 한 오랜 제자 구브로 사람 나손을 데리고 가니 이는 우리가 그의 집에 머물려 함이라

 ## 마음의 문을 열며

바울은 예루살렘을 향해 걸음을 서두르고 있었다. 여기저기서 못가도록 매달리는 제자들이 있었지만 그의 결심은 흔들리지 않았다. 또한 예루살렘이 가까워지면서 그의 걸음을 막으려는 시험은 더 강해졌다. 그러나 끝까지 흐트러지지 않는 바울의 모습을 보게 된다. 주님의 사람은 강하다. 성령의 사람은 이리저리 흔들리지 않는다. 우리 모두가 이런 바울의 모습을 배워야 할 것이다.

1 두로에서 제자들이 바울에게 간청한 것이 무엇인가?(4절)

2 두로의 제자들은 바울이 예루살렘으로 가는 것이 성령의 인도하심이 아니라고 믿은 것 같다. 그래서 가지 못하도록 말렸고, 이것이 바로 성령의 뜻과 일치하는 것으로 보았다. 그래서 그런지 본문을 보면 그들이 성령의 감동으로 바울을 만류하고 있는 것처럼 기록되어 있다. 그러나 사실은 바울이 예루살렘으로 가는 것이 성령의 뜻이었다. 왜 성령의 감동이 가끔 이처럼 잘못 이해되는 것일까? 당신에게는 이런 일이 없는가?

3 두로에서 가이사랴까지 이르는 뱃길은 얼마 안 되는 거리다. 가이사랴에서 바울이 묵은 곳은 우리에게 낯익은 빌립의 집이었다. 빌립에 대해 아는 대로 말해 보라(참고 / 행 6:5, 8:4-13, 26-40).

4 아가보는 어떤 사람이며 무엇이라고 예언했는가?(10-11절)

_____

_____

_____

_____

5 아래의 글처럼 아가보의 예언은 초대교회 때 흔했던 예언의 은사가 어떤 것인지를 잘 보여 준다. 만일 누군가 당신을 찾아와 아가보가 바울에게 하듯 예언을 한다면 어떻게 하겠는가?

아가보의 예언은 초대교회 때 흔했던 예언의 은사가 어떤 것이며 그 예언의 내용이 실제로 어떤 것이었는가를 알 수 있는 좋은 자료가 된다. 그 당시 예언은 교회나 세상의 장래사를 미리 말하고 경고하는 것으로부터 개인적인 문제까지 미리 알고 이야기하는 광범위한 것이었다. 지금도 비슷한 예언의 은사를 받았다고 주장하는 사람들이 있다. 성령이 주시기를 기뻐하신다면 언제든지 이 은사를 받을 수 있을 것이다. 그러나 분명한 사실은 성경말씀이 완성된 후부터 오늘에 이르는 2천여 년의 기독교 역사를 통해서 볼 때, 예언의 은사는 초대교회에 비해 대단히 희귀해졌다는 것을 알 수 있다. 지금도 그렇다. 이런 점에서 이 은사에 대해서 우리는 매우 신중해야 할 것이다. 부패된 인간적인 호기심 때문에 사람들은 어떤 일이 발생하기 전에 미리 예견하면 그 사람을 마치 하나님처럼 떠받들기를 좋아한다. 이런 인간적인 약점을 이용하여 사탄은 거짓된 예언의 은사를 가지고 교회를 시험하고 유혹하기를 쉬지 않고 있다. 우리는 이 사실을 늘 명심해야 할 것이다.

6 아가보의 예언을 듣고 바울을 아끼던 제자들, 특히 바울 곁을 떠나지 않고 죽기를 각오하고 수행하던 측근 중의 측근이었던 '우리'라고 불린 자들은 어떻게 했는가? 그리고 이에 대해 바울은 무엇이라고 대답했는가?(12-14절)

7 아래의 글에서 보는 바와 같이 바울의 제자들은 인간적인 정에 이끌려 그를 만류하였다. 당신도 혹시 가까운 사람들이 인간적인 정에 이끌려 주의 뜻을 따르지 못하도록 막은 적이 있는가? 그때 당신은 어떻게 대처했는지 말해 보라.

우리는 성령이 바울과 그의 제자들에게 동일하게 주님의 뜻을 알려 주신 것을 알 수 있다. 바울에게는 예루살렘으로 가야 한다고 했고 제자들에게는 바울이 당할 고난이 무엇인가를 보여 주셨다. 따라서 제자들도 주의 뜻이 무엇인지를 알고 있었다고 볼 수 있다. 가지 말아야 했다면 고난당할 일을 보여 주실 필요가 없었을 것이다. 그러므로 고난이 가지 말라는 메시지는 아니었던 것이다. 제자들이 울면서 가지 못하게 한 것은 성령의 감동이 아니라 순전히 인간의 정 때문이었다. 여기서 우리는 십자가를 지지 못하도록 예수님을 만류하던 베드로를 연상하게 된다. 인간은 누구나 약해서 주님의 뜻을 알면서도 따르지 못하기도 하고 다른 사람을 말리는 경우도 있다.

_8_ 사람들의 의견이 분분하여 어떤 결론을 내리기 어려울 때는 언제나 믿음으로 기다리는 태도를 취해야 한다. 때가 되면 성령이 분명히 보여 주실 것이며, 사람의 뜻은 무너지고 하나님의 뜻은 반드시 서게 된다는 믿음을 가지는 것이 중요하다. 이 같은 믿음을 가진 자들이 옛날이나 지금이나 즐겨 사용하는 아름다운 고백이요 간증이 하나 있다. 그것이 무엇인가?(14절)

_9_ 예루살렘을 향해 걸어가는 바울의 심정은 무엇이라 표현하기 어려운 감정이었을 것이다. 두려움, 고독, 염려가 자주 그를 괴롭혔을 것이다. 이런 사람을 돕는 방법은 함께 동행하는 것, 즉 위험한 곳이라도 함께 걷는 것이다. 이 일을 위해 자원한 자들이 있었다. 누구인가?(15-16절)

삶의 열매를 거두며

신앙생활을 하다 보면 우리도 예루살렘을 향해 발걸음을 옮겨야 할 때가 있을 것이다. 바울처럼 오직 주의 뜻이 이루어지기를 바라고 순종하는 사람이 되기 위해 무릎 꿇고 기도하자.

예루살렘에 도착하다

사도행전 21:17-22:1

17 예루살렘에 이르니 형제들이 우리를 기꺼이 영접하거늘 18 그 이튿날 바울이 우리와 함께 야고보에게로 들어가니 장로들도 다 있더라 19 바울이 문안하고 하나님이 자기의 사역으로 말미암아 이방 가운데서 하신 일을 낱낱이 말하니 20 그들이 듣고 하나님께 영광을 돌리고 바울더러 이르되 형제여 그대도 보는 바에 유대인 중에 믿는 자 수만 명이 있으니 다 율법에 열성을 가진 자라 21 네가 이방에 있는 모든 유대인을 가르치되 모세를 배반하고 아들들에게 할례를 행하지 말고 또 관습을 지키지 말라 한다 함을 그들이 들었도다 22 그러면 어찌할꼬 그들이 필연 그대가 온 것을 들으리니 23 우리가 말하는 이대로 하라 서원한 네 사람이 우리에게 있으니 24 그들을 데리고 함께 결례를 행하고 그들을 위하여 비용을 내어 머리를 깎게 하라 그러면 모든 사람이 그대에 대하여 들은 것이 사실이 아니고 그대도 율법을 지켜 행하는 줄로 알 것이라 25 주를 믿는 이방인에게는 우리가 우상의 제물과 피와 목매어 죽인 것과 음행을 피할 것을 결의하고 편지하였느니라 하니 26 바울이 이 사람들을 데리고 이튿날 그들과 함께 결례를 행하고 성전에 들어가서 각 사람을 위하여 제사 드릴 때까지의 결례 기간이 만기된 것을 신고하니라 27 그 이레가 거의 차매 아시아로부터 온 유대인들이 성전에서 바울을 보고 모든 무리를 충동하여 그를 붙들고 28 외치되 이스라엘 사람들아 도우라 이 사람은 각처에서 우리 백성과 율법과 이 곳을 비방하여

모든 사람을 가르치는 그 자인데 또 헬라인을 데리고 성전에 들어가서 이 거룩한 곳을 더럽혔다 하니 29 이는 그들이 전에 에베소 사람 드로비모가 바울과 함께 시내에 있음을 보고 바울이 그를 성전에 데리고 들어간 줄로 생각함이러라 30 온 성이 소동하여 백성이 달려와 모여 바울을 잡아 성전 밖으로 끌고 나가니 문들이 곧 닫히더라 31 그들이 그를 죽이려 할 때에 온 예루살렘이 요란하다는 소문이 군대의 천부장에게 들리매 32 그가 급히 군인들과 백부장들을 거느리고 달려 내려가니 그들이 천부장과 군인들을 보고 바울 치기를 그치는지라 33 이에 천부장이 가까이 가서 바울을 잡아 두 쇠사슬로 결박하라 명하고 그가 누구이며 그가 무슨 일을 하였느냐 물으니 34 무리 가운데서 어떤 이는 이런 말로, 어떤 이는 저런 말로 소리 치거늘 천부장이 소동으로 말미암아 진상을 알 수 없어 그를 영내로 데려가라 명하니라 35 바울이 층대에 이를 때에 무리의 폭행으로 말미암아 군사들에게 들려가니 36 이는 백성의 무리가 그를 없이하자고 외치며 따라 감이러라 37 바울을 데리고 영내로 들어가려 할 그 때에 바울이 천부장에게 이르되 내가 당신에게 말할 수 있느냐 이르되 네가 헬라 말을 아느냐 38 그러면 네가 이전에 소요를 일으켜 자객 사천 명을 거느리고 광야로 가던 애굽인이 아니냐 39 바울이 이르되 나는 유대인이라 소읍이 아닌 길리기아 다소 시의 시민이니 청컨대 백성에게 말하기를 허락하라 하니 40 천부장이 허락하거늘 바울이 층대 위에 서서 백성에게 손짓하여 매우 조용히 한 후에 히브리 말로 말하니라 22:1 부형들아 내가 지금 여러분 앞에서 변명하는 말을 들으라 드디어 사도 바울은 예루살렘에 도착하였다. 교회 지도자들로부터 뜨거운 환영을 받은 것도 잠시일 뿐 곧 일찍이 경험하지 못한 시련에 직면하지 않을 수 없는 처지가 되었다. 왜 복음을 증거하기 위해 모든 것을 바쳐 헌신하는 그에게 고난이 쉬지 않고 따라다녀야 했을까? 왜 유대인들은 끝까지 복음의 원수가 되어야 했을까? 우리는 바울을 보면서 이와 같은 의문들이 꼬리를 물고 일어나는 것을 숨길 수 없다. 그러나 분명히 말할 수 있는 것은 복음은 고난의 길을 통해 세상에 퍼진다는 사실이다. 특히 바울은 이 고난의 잔을 누구보다 많이 마셔야 할 사람으로 부름을 받았다(행 9:16). 만일 그가 하나님이 미리 정하신 뜻에 따라 이미 알고 있는 고난을 당하는 것이면 그것은 절대로 불행이 아니다. 그것은 반드시 가야 할 길이요, 그가 져야 할 십자가다. 그 고난의 배후에 감추어져 있는 비밀을 다 알지 못한다 해도 말이다.

1 바울은 예루살렘에 도착하여 누구를 만났으며 무엇을 하였는가?(17-19
절)

_____

_____

2 수년 동안 바울이 세운 탁월한 선교 업적을 전해 들은 예루살렘 교회 지
도자들은 하나님께 영광을 돌렸다. 오늘날 교회의 가장 심각한 병폐는
질투가 아닌가 한다. 마치 자기 교회나 자기 교단이 하는 일만 주님이
기뻐하시는 것처럼 착각하고 있지 않나 하는 생각이 들 때가 많다. 심지
어 자기와 마음이 맞지 않는 동료들에 대해 헛소문을 퍼뜨리거나 질투
로 악의에 찬 말을 하는 경우마저 존재한다. 다른 교회나 다른 사람이
하는 일을 가지고 기뻐서 하나님께 영광을 돌리는 일이 얼마나 있었는
가? 당신은 다른 사람의 일을 진심으로 기뻐하고 격려할 줄 아는 사람인
지 반성해 보라.

_____

_____

3 당시 바울을 헐뜯는 악의에 찬 거짓 소문이 유대인들 사이에서 파다하
게 퍼져 있었다. 그 내용은 무엇인가? 그것이 왜 거짓 소문이었는지 말
해 보라(21절, 참고 / 갈 2:16; 롬 7:7, 12).

4 유대인 신자들의 오해를 풀기 위해 장로들은 어떤 대안을 제시하였는가?(22-24절)

5 바울은 장로들이 권하는 대로 했다. 그는 나실인 서원을 할 필요가 전혀 없었다. 그럼에도 거절하지 않고 일주일을 따로 구별해서 이 의식을 행하였다. 여기서 우리가 배워야 할 점은 바로 바울의 자세다. 고린도전서 9장 21-23절을 가지고 그 내용을 살펴보자.

6 당신은 형제가 오해하지 않도록, 하기 위해서 혹은 그의 영혼을 구원하기 위해 마음에 내키지 않는 일을 할 때가 있었는가? 예를 하나 들어 보라.

7 아시아에서 온 유대인들은 무슨 말로 청중을 충동질하였는가?(27-29절)

_____

_____

_____

8 인간은 잔인하다. 자기가 미워하는 사람을 때려잡기 위해서는 있는 말, 없는 말을 마음대로 둘러대는 데 아주 능숙한 동물이다. 우리는 바울을 대적하는 자들을 통해 또 한 번 이 사실을 확인하게 된다. 예수를 믿고 거듭난 우리 안에도 여전히 이 잔인함이 남아 있다. 비록 사소한 일일 지라도 터무니없는 말을 보태어 형제를 모함한 일이 없었는지 반성해 보라.

_____

_____

9 바울이 군중들에게 구타를 당해 살아남기 어려워졌을 때 하나님은 어떤 방법으로 그를 구해 내셨는가?(31-36절)

_____

_____

_____

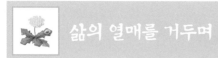
삶의 열매를 거두며

바울이 얼마나 여유만만한지 군인들에게 끌려가는 초라한 신세가 되었음에도 불구하고 군중을 향해 말할 기회를 달라고 천부장에게 요청하는 것을 볼 수 있다. 보통 사람이면 가능한, 빨리 그곳을 벗어나는 것이 상책이라고 생각했을 것이다. 하지만 바울은 그렇지 않았다. 얼굴에 묻은 핏자국을 손수건으로 닦으면서도 늠름한 모습으로 계단 위에 서서 입을 열었을 것이다. 바울은 승자였고 군중은 패자였다. 예수 그리스도의 종에게서만 볼 수 있는 용기와 여유와 힘을 그에게서 느낄 수 있다. 바울에 비해 우리는 매사에 너무 사람들을 의식한다고 생각되지 않는가? 이 시간 바울이 보여 준 용기를 달라고 함께 기도하자.

바울이 부형들에게 간증하다

사도행전 22:2-29

2 그들이 그가 히브리 말로 말함을 듣고 더욱 조용한지라 이어 이르되 3 나는 유대인으로 길리기아 다소에서 났고 이 성에서 자라 가말리엘의 문하에서 우리 조상들의 율법의 엄한 교훈을 받았고 오늘 너희 모든 사람처럼 하나님께 대하여 열심이 있는 자라 4 내가 이 도를 박해하여 사람을 죽이기까지 하고 남녀를 결박하여 옥에 넘겼노니 5 이에 대제사장과 모든 장로들이 내 증인이라 또 내가 그들에게서 다메섹 형제들에게 가는 공문을 받아 가지고 거기 있는 자들도 결박하여 예루살렘으로 끌어다가 형벌 받게 하려고 가더니 6 가는 중 다메섹에 가까이 갔을 때에 오정쯤 되어 홀연히 하늘로부터 큰 빛이 나를 둘러 비치매 7 내가 땅에 엎드러져 들으니 소리 있어 이르되 사울아 사울아 네가 왜 나를 박해하느냐 하시거늘 8 내가 대답하되 주님 누구시니이까 하니 이르시되 나는 네가 박해하는 나사렛 예수라 하시더라 9 나와 함께 있는 사람들이 빛은 보면서도 나에게 말씀하시는 이의 소리는 듣지 못하더라 10 내가 이르되 주님 무엇을 하리이까 주께서 이르시되 일어나 다메섹으로 들어가라 네가 해야 할 모든 것을 거기서 누가 이르리라 하시거늘 11 나는 그 빛의 광채로 말미암아 볼 수 없게 되었으므로 나와 함께 있는 사람들의 손에 끌려 다메섹에 들어갔노라 12 율법에 따라 경건한 사람으로 거기 사는 모든 유대인들에게 칭찬을 듣는 아나니아라 하는 이가 13 내게 와 곁에 서서 말하되 형제 사울아 다시 보라 하거늘 즉시

그를 쳐다보았노라 ¹⁴ 그가 또 이르되 우리 조상들의 하나님이 너를 택하여 너로 하여금 자기 뜻을 알게 하시며 그 의인을 보게 하시고 그 입에서 나오는 음성을 듣게 하셨으니 ¹⁵ 네가 그를 위하여 모든 사람 앞에서 네가 보고 들은 것에 증인이 되리라 ¹⁶ 이제는 왜 주저하느냐 일어나 주의 이름을 불러 세례를 받고 너의 죄를 씻으라 하더라 ¹⁷ 후에 내가 예루살렘으로 돌아와서 성전에서 기도할 때에 황홀한 중에 ¹⁸ 보매 주께서 내게 말씀하시되 속히 예루살렘에서 나가라 그들은 네가 내게 대하여 증언하는 말을 듣지 아니하리라 하시거늘 ¹⁹ 내가 말하기를 주님 내가 주를 믿는 사람들을 가두고 또 각 회당에서 때리고 ²⁰ 또 주의 증인 스데반이 피를 흘릴 때에 내가 곁에 서서 찬성하고 그 죽이는 사람들의 옷을 지킨 줄 그들도 아나이다 ²¹ 나더러 또 이르시되 떠나가라 내가 너를 멀리 이방인에게로 보내리라 하셨느니라 ²² 이 말하는 것까지 그들이 듣다가 소리 질러 이르되 이러한 자는 세상에서 없애 버리자 살려 둘 자가 아니라 하여 ²³ 떠들며 옷을 벗어 던지고 티끌을 공중에 날리니 ²⁴ 천부장이 바울을 영내로 데려가라 명하고 그들이 무슨 일로 그에 대하여 떠드는지 알고자 하여 채찍질하며 심문하라 한대 ²⁵ 가죽 줄로 바울을 매니 바울이 곁에 서 있는 백부장더러 이르되 너희가 로마 시민 된 자를 죄도 정하지 아니하고 채찍질할 수 있느냐 하니 ²⁶ 백부장이 듣고 가서 천부장에게 전하여 이르되 어찌하려 하느냐 이는 로마 시민이라 하니 ²⁷ 천부장이 와서 바울에게 말하되 네가 로마 시민이냐 내게 말하라 이르되 그러하다 ²⁸ 천부장이 대답하되 나는 돈을 많이 들여 이 시민권을 얻었노라 바울이 이르되 나는 나면서부터라 하니 ²⁹ 심문하려던 사람들이 곧 그에게서 물러가고 천부장도 그가 로마 시민인 줄 알고 또 그 결박한 것 때문에 두려워하니라

마음의 문을 열며

난폭한 예루살렘 군중의 손에서 가까스로 위기를 모면한 바울은 군인들에게 끌려가면서도 군중들에게 이야기할 기회를 달라고 요청해서 허락을 받게 된다. 그가 히브리 방언으로 입을 열자 분위기는 삽시간에 조용해졌다. 이 시간 우리는 예루살렘에서 한 그의 첫 설교를 보게 된다. 이 설교 속에서 우리는 왜 그가 체포당한 신분임에도 불구하고 말할 기회를 달라고 했는지, 그리고 그의 가슴속에 끓어오르고 있던 간절한 소원이 무엇이었는지를 짐작할 수 있다. 위대한 사도의 위대한 도전이 아닐 수 없다.

1 바울은 자신의 출신지와 학력에 대해 대단한 긍지를 가졌던 사람처럼 보인다. 자기가 어느 도시에서 태어나서 자랐고 누구한테 배웠는지를 당당하게 이야기하고 있기 때문이다. 당신도 바울과 같은 자부심이 있는가? 그리고 그것이 신앙인으로서 도움이 되는지 이야기해 보자(2-3절, 참고 / 행 21:39).

_____

_____

_____

2 간증은 전도는 물론 믿음이 약한 자를 돕는 데도 큰 유익을 준다. 하지만 좋은 간증은 몇 가지 요소를 갖추고 있어야 한다. 믿기 전의 자기소개, 믿게 된 과정, 그 후의 변화가 그것이다. 바울이 예수님을 알기 전에 그의 형편은 어떠했는가?(3-5절)

_____

_____

3 예수를 믿는다는 이유로 그의 가족이나 가까이 있는 사람을 핍박하거나 반대로 핍박을 당해본 경험이 있는가? 핍박은 하면 할수록 핍박하는 사람이 점점 더 사나워지는 것이 일반적인 경향이라고 한다. 바울을 보면서 이 사실이 진리라는 것을 알 수 있다. 왜 그런가?

4 바울의 핍박이 정점에 달할 때까지 그를 꺾지 않고 내버려두신 하나님에 대해 당신은 어떻게 생각하는가?

5 바울은 두 번째로 자기가 예수를 만나게 된 과정을 상세하게 이야기하고 있다. 우리 중 아무도 바울처럼 예수를 만나서 믿게 된 사람은 없을 것이다. 바울의 경우는 특별한 은혜였고, 이러한 특별한 은혜는 반드시 특별한 뜻이 따르기 마련이다. 그것이 무엇인지 본문에서 찾아보라(6-16절).

6 바울은 항상 자기를 사도라고 소개했다. 사도는 주님의 명령에 따라 복음을 전하기 위해 세상으로 보냄을 받은 사람이란 뜻이다. 특히 예수님으로부터 직접 보내심을 받은 사람을 가리킨다. 성경을 보면 이런 자격을 가진 사람들은 12제자뿐이었다. 그럼에도 불구하고 바울은 자신도 12

제자와 똑같이 사도가 되었다고 말한다. 그가 그렇게 주장할 수 있었던 근거는 바로 14-15절에 기록되어 있다. 그것은 무엇인가?(참고 / 엡 1:1)

_____

_____

_____

7 17절에서 시작하여 그의 말이 갑자기 중단되어 버린 21절까지는 바울이 예수를 믿은 다음 어떤 사람이 되었는지를 소개하고 있다. 그가 다메섹에서 예루살렘에 돌아온 직후 무슨 일이 있었는가?

_____

_____

_____

8 바울의 설교는 군중의 난동으로 급작스럽게 중단되고 말았다. 하지만 이 정도만 가지고도 우리는 왜 그가 설교를 하려고 했는지를 충분히 짐작할 수 있다. 그렇게 많은 군중과 군인들이 모이기란 쉽지 않았기 때문이다. 그의 가슴속에서 타오르던 열정, 쏟아 놓고 싶었던 메시지가 무엇이라고 생각하는가?(행 20:22-24)

_____

_____

_____

9 믿는 사람이라고 해서 부당한 일을 당해도 '주님 뜻대로 하옵소서' 하며 가만히 있으면 안 된다. 시민으로서 법의 보호를 받는 것은 우리가 언제든지 요구할 수 있는 권리이기 때문이다. 천부장이 로마의 잔인무도한 채찍질을 가하려고 하자 바울은 어떻게 그 위기를 피하였는가? 그리고 바울이 억울하게 매를 맞을 때마다 지금처럼 빠져 나가지 않는 이유는 무엇이라고 생각하는가?(25-26절 참고 / 행 9:16, 16:22-23; 고후 11:23)

 삶의 열매를 거두며

이 시간 당신도 자신의 간증문을 작성해 보라. 특히 바울처럼 세 가지 내용을 갖추어서 적어보길 바란다. 이를 통해 자신뿐 아니라 듣는 형제자매들이 많은 은혜를 받게 될 것이다.

Lesson 51

공회 앞에 당당히 맞서다

사도행전 22:30-23:10

³⁰ 이튿날 천부장은 유대인들이 무슨 일로 그를 고발하는지 진상을 알고자 하여 그 결박을 풀고 명하여 제사장들과 온 공회를 모으고 바울을 데리고 내려가서 그들 앞에 세우니라 ²³:¹ 바울이 공회를 주목하여 이르되 여러분 형제들아 오늘까지 나는 범사에 양심을 따라 섬겼노라 하거늘 ² 대제사장 아나니아가 바울 곁에 서 있는 사람들에게 그 입을 치라 명하니 ³ 바울이 이르되 회칠한 담이여 하나님이 너를 치시리로다 네가 나를 율법대로 심판한다고 앉아서 율법을 어기고 나를 치라 하느냐 하니 ⁴ 곁에 선 사람들이 말하되 하나님의 대제사장을 네가 욕하느냐 ⁵ 바울이 이르되 형제들아 나는 그가 대제사장인 줄 알지 못하였노라 기록하였으되 너의 백성의 관리를 비방하지 말라 하였느니라 하더라 ⁶ 바울이 그 중 일부는 사두개인이요 다른 일부는 바리새인인 줄 알고 공회에서 외쳐 이르되 여러분 형제들아 나는 바리새인이요 또 바리새인의 아들이라 죽은 자의 소망 곧 부활로 말미암아 내가 심문을 받노라 ⁷ 그 말을 한즉 바리새인과 사두개인 사이에 다툼이 생겨 무리가 나누어지니 ⁸ 이는 사두개인은 부활도 없고 천사도 없고 영도 없다 하고 바리새인은 다 있다 함이라 ⁹ 크게 떠들새 바리새인 편에서 몇 서기관이 일어나 다투어 이르되 우리가 이 사람을 보니 악한 것이 없도다 혹 영이나 혹 천사가 그에게 말하였으면 어찌 하겠느냐 하여 ¹⁰ 큰 분쟁이 생기니 천부장은 바울이 그들에게 찢겨질까 하여 군인을 명하여 내

려가 무리 가운데서 **빼앗아** 가지고 영내로 들어가라 하니라

 마음의 문을 열며

바울을 체포한 천부장은 그가 로마 시민권을 가진 사람임을 알고 법에 따라 공정하게 처리하고자 했다. 잘못이 밝혀지지 않은 사람을 감옥에 가두는 것은 로마법으로 보아 있을 수 없는 일이었기 때문이다. 그런데 막상 재판을 열고 보니 기소할 만한 뚜렷한 죄목을 찾기가 어려웠다. 게다가 바울에 대한 바리새인과 사두개인들의 견해가 첨예하게 대립되어 큰 분쟁까지 일어나고 말았다. 바울은 생사가 걸린 재판 석에서도 조금의 흔들림조차 없었다. 그의 당당한 말과 행동은 우리의 주목을 끌기에 충분하다.

1 바울이 재판 석에 서서 던진 첫 마디는 무엇인가?(1절)

2 바울은 자신이 율법 문제로 끌려 나왔다는 사실을 잘 알고 있었다(21: 28). 그래서 율법에 관한 한 자신이 결백하다는 사실을 증명해 보이고자 양심선언을 하였다. 믿는 사람에게 양심선언이란 하나님 보시기에 결백하다는 점을 공언하는 것이다. 따라서 조금이라도 가책이 될 만한 일이 있다면 할 수가 없다. 하나님을 속이는 일이 되기 때문이다. 그의 양심선언의 구체적인 내용에 대해서는 다음 장에서 알게 될 것이다. 여기서는 그가 어느 정도로 율법을 지키려 했는지 빌립보서 3장 4-6절을 찾아서 살펴보자.

3 바울의 말을 듣고 대제사장은 뻔뻔스럽다고 생각한 모양이다. 그가 무엇이라고 했으며 바울은 어떻게 응수했는가?(2-3절)

143

4 법을 집행하는 자리에 앉은 자들이 법대로 하지 않고 인권을 침해하는 일이 옛날에는 지금보다 훨씬 더 비일비재하였다. 재판장의 자리에 앉은 사람이 확실한 이유를 대기 전에 자신의 감정에 따라 피고를 구타한다면 이는 용납할 수 없는 인권 침해가 아닐 수 없다. 바울은 자신이 아무리 법정에 선 초라한 사람일지라도 그와 같은 불법을 가만 둘 수 없었다. 항변은 권리를 지키는 것을 말한다. 바울은 용기가 있었다. 믿는 사람이라고 해서 어떤가? 바울처럼 용기 있는 행동을 해본 일이 있는가?

_____

_____

_____

5 바울이 '회칠한 담이여' 라고 한 말은 일종의 모욕적인 말이었음이 틀림없다. 이 말을 들은 사람들이 무엇을 가지고 트집을 잡았으며 바울은 이에 대해 어떻게 변명하였는가?(4-5절)

_____

_____

_____

6 바울이 정말 아나니아가 대제사장인 줄 몰라보았는지에 대해서는 확실히 알 수가 없다. 그러나 그가 거짓말을 했다고 생각하지는 않는다. 바울의 말은 자기가 아나니아를 향해 욕한 것을 잘못했다고 인정한 것이 아니라, 오히려 대제사장이라는 성직에 대한 자기의 입장을 밝히는 것으로 보아야 할 것이다. 왜 그런가?(참고 / 출 22:28)

7 만일 바울이 아나니아가 대제사장임을 알았다면 그의 거룩한 직분을 존중하는 의미에서 그를 욕하지 않았을 것이다. 오늘날 교역자들도 성직에 임명받은 자들이라 할 수 있다. 사람은 때로 자기의 직분에 어울리지 않는 실수를 할 수도 있다. 이럴 경우 사람의 잘못을 가지고 성직까지 비방하거나 모욕하기가 매우 쉽다. 바울의 논리대로 한다면 성직과 사람은 구별해야 한다. 가장 좋은 예를 우리는 다윗과 사울의 관계에서 볼 수 있다. 이 점에 대해 각자의 생각을 나누어 보라(참고 / 삼상 24:6).

8 만일 교역자가 크게 실수를 한다면 당신은 어떤 입장을 취할 것인가? 좋은 사례가 있다면 자신의 입장을 곁들여 이야기해 보라.

9 바울은 매우 지혜로운 사람이었다. 공정하게 재판을 받을 수 없다는 것을 감지하자 그 자리를 벗어나기 위해 묘수를 쓰고 있다. 그것이 무엇인가? 그 결과 재판정의 상황은 어떻게 전개되었는가?(6-10절)

_____

_____

_____

_____

 ## 삶의 열매를 거두며

우리는 본문의 말씀을 통해 예수 그리스도의 종이었던 바울의 믿음, 용기, 지혜를 보았다. 험한 세상을 살면서 복음의 증인이요, 빛과 소금이 되어야 할 우리가 바울의 당당한 태도를 닮아야 한다고 생각지 않는가? 이 점에 대해 각자 깨달은 바를 한 가지씩 말해 보라.

담대하라 로마에서도 증언하리라

사도행전 23:11-35

¹¹ 그 날 밤에 주께서 바울 곁에 서서 이르시되 담대하라 네가 예루살렘에서 나의 일을 증언한 것 같이 로마에서도 증언하여야 하리라 하시니라 ¹² 날이 새매 유대인들이 당을 지어 맹세하되 바울을 죽이기 전에는 먹지도 아니하고 마시지도 아니하겠다 하고 ¹³ 이같이 동맹한 자가 사십여 명이더라 ¹⁴ 대제사장들과 장로들에게 가서 말하되 우리가 바울을 죽이기 전에는 아무 것도 먹지 않기로 굳게 맹세하였으니 ¹⁵ 이제 너희는 그의 사실을 더 자세히 물어보려는 척하면서 공회와 함께 천부장에게 청하여 바울을 너희에게로 데리고 내려오게 하라 우리는 그가 가까이 오기 전에 죽이기로 준비하였노라 하더니 ¹⁶ 바울의 생질이 그들이 매복하여 있다 함을 듣고 와서 영내에 들어가 바울에게 알린지라 ¹⁷ 바울이 한 백부장을 청하여 이르되 이 청년을 천부장에게로 인도하라 그에게 무슨 할 말이 있다 하니 ¹⁸ 천부장에게로 데리고 가서 이르되 죄수 바울이 나를 불러 이 청년이 당신께 할 말이 있다 하여 데리고 가기를 청하더이다 하매 ¹⁹ 천부장이 그의 손을 잡고 물러가서 조용히 묻되 내게 할 말이 무엇이냐 ²⁰ 대답하되 유대인들이 공모하기를 그들이 바울에 대하여 더 자세한 것을 묻기 위함이라 하고 내일 그를 데리고 공회로 내려오기를 당신께 청하자 하였으니 ²¹ 당신은 그들의 청함을 따르지 마옵소서 그들 중에서 바울을 죽이기 전에는 먹지도 않고 마시지도 않기로 맹세한 자 사십여 명이 그를 죽이려고 숨어서 지금 다

준비하고 당신의 허락만 기다리나이다 하니 22 이에 천부장이 청년을 보내며 경계하되 이 일을 내게 알렸다고 아무에게도 이르지 말라 하고 23 백부장 둘을 불러 이르되 밤 제 삼 시에 가이사랴까지 갈 보병 이백 명과 기병 칠십 명과 창병 이백 명을 준비하라 하고 24 또 바울을 태워 총독 벨릭스에게로 무사히 보내기 위하여 짐승을 준비하라 명하며 25 또 이 아래와 같이 편지하니 일렀으되 26 글라우디오 루시아는 총독 벨릭스 각하께 문안하나이다 27 이 사람이 유대인들에게 잡혀 죽게 된 것을 내가 로마 사람인 줄 들어 알고 군대를 거느리고 가서 구원하여다가 28 유대인들이 무슨 일로 그를 고발하는지 알고자 하여 그들의 공회로 데리고 내려갔더니 29 고발하는 것이 그들의 율법 문제에 관한 것뿐이요 한 가지도 죽이거나 결박할 사유가 없음을 발견하였나이다 30 그러나 이 사람을 해하려는 간계가 있다고 누가 내게 알려 주기로 곧 당신께로 보내며 또 고발하는 사람들도 당신 앞에서 그에 대하여 말하라 하였나이다 하였더라 31 보병이 명을 받은 대로 밤에 바울을 데리고 안디바드리에 이르러 32 이튿날 기병으로 바울을 호송하게 하고 영내로 돌아가니라 33 그들이 가이사랴에 들어가서 편지를 총독에게 드리고 바울을 그 앞에 세우니 34 총독이 읽고 바울더러 어느 영지 사람이냐 물어 길리기아 사람인 줄 알고 35 이르되 너를 고발하는 사람들이 오거든 네 말을 들으리라 하고 헤롯 궁에 그를 지키라 명하니라

 마음의 문을 열며

예루살렘에 수감된 바울의 신변이 위태로워지자 천부장은 그를 좀 더 안전한 가이사랴로 압송하게 된다. 우리는 바울을 죄인의 몸이 되게 하신 하나님의 심오한 뜻을 알 수 없다. 하지만 일련의 사건들을 통해 그의 신변상의 안전만은 책임지고 지키시는 하나님의 선하신 손길을 보게 된다.

1 주님은 밤에 바울을 찾아오셔서 무엇이라고 말씀하셨는가?(11절)

2 주님이 하신 말씀은 두 가지 점에서 바울에게 큰 위안과 힘이 되었을 것이다. 우선은 바울이 현재 당하고 있는 고난에 대한 주님의 답변이 되었기 때문이고, 또한 그의 장래를 보장하는 주님의 약속이 되었기 때문이다. 11절을 가지고 이 사실을 설명하라.

3 사도행전을 보면 주님이 바울에게 나타나실 때마다 그가 처한 형편은 거의 비슷했던 것을 발견할 수 있다. 다음의 예를 가지고 주님이 찾아오셔서 격려하셨을 때의 형편을 이야기해 보라.

　○ 18장 9-10절 /

　○ 23장 11절 /

　○ 27장 23-24절 /

149

4 지금도 주님은 우리가 매우 어렵고 힘들 때마다 우리를 찾으신다고 믿는가? 그렇다면 어떤 방법으로 찾으시고 위로하시는가?(참고 / 고후 1:3-5; 딤후 4:17-18)

5 바울을 죽이기 위해 어떤 음모가 진행되고 있었는가? 그리고 이러한 유대인의 음모는 어떻게 바울과 천부장에게 알려졌는가?(12-22절)

6 숨 막히게 전개되고 있던 일련의 과정을 통해 주님께서 일하고 계심을 보게 된다. 바울의 생질을 사용하시고 천부장의 마음을 움직이신 이가 바로 하나님이기 때문이다. 주님이 자기의 종들을 위기에서 건지실 때 사용하시는 방법은 다양하다. 본문처럼 정보를 사전에 누설시켜서 자연스럽게 구원하시는가 하면 비상한 방법으로 그렇게 하시기도 한다. 어떤 방법을 선택하는지는 전적으로 주님의 뜻에 따라 결정이 된다. 몇 가지 예를 들어 보라(참고 / 행 5:17-20, 33-40, 12:3-11).

7 위기에 처할 때마다 우리를 살리는 것이 주님의 뜻이라면 그분은 어떤 방법을 통해서라도 우리를 구원하신다. 하나님의 자녀가 위기 앞에서 세상 사람처럼 부들부들 떤다면 이는 부끄러운 일이 아닐 수 없다. 하나님의 특별하신 도움을 경험한 적이 있다면 이야기해 보라.

8 천부장이 총독에게 보낸 편지는 무엇인가? 그리고 이 편지에서 천부장은 상관의 인정을 받기 위해 어떤 거짓말을 하고 있는가?(26-30절)

9 공직에 있거나 직장에 근무하는 신앙인이 윗사람에게 점수를 따기 위해 약간의 거짓말이나 과장된 말로 보고를 하는 경우가 있다. 심지어 먼 외국에서 선교사가 선교 보고를 하면서 약간의 거짓말을 하는 경우마저 있다고 한다. 이처럼 믿는 이들의 부정직에 대해 당신은 어떻게 생각하는가? 혹시 당신에게는 이런 문제가 없는가?

삶의 열매를 거두며

바울은 헤롯 궁에 수감된다. 주님은 자신이 가장 사랑하는 종을 편안한 집에서 쉬게 하지 않으시고 이 감옥에서 저 감옥으로 옮기고 계신다. 의인이 받는 고난의 신비를 다시 한 번 보게 된다. 여기서 우리가 성령의 도움으로 깨달아야 할 은혜가 있다. 이 헤롯 궁에 수감되어 조용히 기도하고 있는 바울을 마음에 그려 보라. 당신은 무엇을 느끼는가?

가이사랴에서의 바울

사도행전 24:1-27

¹ 닷새 후에 대제사장 아나니아가 어떤 장로들과 한 변호사 더둘로와 함께 내려와서 총독 앞에서 바울을 고발하니라 ² 바울을 부르매 더둘로가 고발하여 이르되 ³ 벨릭스 각하여 우리가 당신을 힘입어 태평을 누리고 또 이 민족이 당신의 선견으로 말미암아 여러 가지로 개선된 것을 우리가 어느 모양으로나 어느 곳에서나 크게 감사하나이다 ⁴ 당신을 더 괴롭게 아니하려 하여 우리가 대강 여짜옵나니 관용하여 들으시기를 원하나이다 ⁵ 우리가 보니 이 사람은 전염병 같은 자라 천하에 흩어진 유대인을 다 소요하게 하는 자요 나사렛 이단의 우두머리라 ⁶ 그가 또 성전을 더럽게 하려 하므로 우리가 잡았사오니 ⁷ 당신이 친히 그를 심문하시면 ⁸ 우리가 고발하는 이 모든 일을 아실 수 있나이다 하니 ⁹ 유대인들도 이에 참가하여 이 말이 옳다 주장하니라 ¹⁰ 총독이 바울에게 머리로 표시하여 말하라 하니 그가 대답하되 당신이 여러 해 전부터 이 민족의 재판장 된 것을 내가 알고 내 사건에 대하여 기꺼이 변명하나이다 ¹¹ 당신이 아실 수 있는 바와 같이 내가 예루살렘에 예배하러 올라간 지 열이틀밖에 안 되었고 ¹² 그들은 내가 성전에서 누구와 변론하는 것이나 회당 또는 시중에서 무리를 소동하게 하는 것을 보지 못하였으니 ¹³ 이제 나를 고발하는 모든 일에 대하여 그들이 능히 당신 앞에 내세울 것이 없나이다 ¹⁴ 그러나 이것을 당신께 고백하리이다 나는 그들이 이단이라 하는 도를 따라 조상의 하나님을 섬기고 율법과 선지자들

의 글에 기록된 것을 다 믿으며 15 그들이 기다리는 바 하나님께 향한 소망을 나도 가졌으니 곧 의인과 악인의 부활이 있으리라 함이니이다 16 이것으로 말미암아 나도 하나님과 사람에 대하여 항상 양심에 거리낌이 없기를 힘쓰나이다 17 여러 해 만에 내가 내 민족을 구제할 것과 제물을 가지고 와서 18 드리는 중에 내가 결례를 행하였고 모임도 없고 소동도 없이 성전에 있는 것을 그들이 보았나이다 그러나 아시아로부터 온 어떤 유대인들이 있었으니 19 그들이 만일 나를 반대할 사건이 있으면 마땅히 당신 앞에 와서 고발하였을 것이요 20 그렇지 않으면 이 사람들이 내가 공회 앞에 섰을 때에 무슨 옳지 않은 것을 보았는가 말하라 하소서 21 오직 내가 그들 가운데 서서 외치기를 내가 죽은 자의 부활에 대하여 오늘 너희 앞에 심문을 받는다고 한 이 한 소리만 있을 따름이니이다 하니 22 벨릭스가 이 도에 관한 것을 더 자세히 아는 고로 연기하여 이르되 천부장 루시아가 내려오거든 너희 일을 처결하리라 하고 23 백부장에게 명하여 바울을 지키되 자유를 주고 그의 친구들이 그를 돌보아 주는 것을 금하지 말라 하니라 24 수일 후에 벨릭스가 그 아내 유대 여자 드루실라와 함께 와서 바울을 불러 그리스도 예수 믿는 도를 듣거늘 25 바울이 의와 절제와 장차 오는 심판을 강론하니 벨릭스가 두려워하여 대답하되 지금은 가라 내가 틈이 있으면 너를 부르리라 하고 26 동시에 또 바울에게서 돈을 받을까 바라는 고로 더 자주 불러 같이 이야기하더라 27 이태가 지난 후 보르기오 베스도가 벨릭스의 소임을 이어받으니 벨릭스가 유대인의 마음을 얻고자 하여 바울을 구류하여 두니라

마음의 문을 열며

가이사랴로 압송된 바울이 2년 동안 그곳에서 어떻게 보냈는지를 24장에서는 간결하게 전해 주고 있다. 재판정에 서서 유대 지도자들을 상대로 자신의 결백을 변호해야 했던 일은 대단히 외로운 법정 투쟁이었을 것이다. 이렇다 할 죄도 없이 오랜 기간 감옥에 갇혀 있어야 하는 생활은 보통사람으로서는 견디기가 매우 어려웠을 것이다. 그럼에도 불구하고 그의 말과 태도에는 어떤 흔들림이나 원망의 흔적이 전혀 보이지 않는다. 쇠사슬에 매인 채 법정과 감방을 옮겨 다니면서 외롭게 투쟁하는 그를 보면서 우리가 배워야 할 교훈은 무엇일까?

1 벨릭스는 로마의 클라우디우스 황제 때 유대의 총독이 되었던 인물로서 본래는 노예의 신분이었다. 그는 잔인한 폭군이었다. 반란을 일으키는 유대인들을 무자비하게 진압하였고 대제사장까지 살해하였다. 전하는 바에 의하면 주후 60년에 총독 직에서 물러났고 나중에는 로마로 소환되어 처벌을 받았다고 한다. 이제 벨릭스가 재판을 열어 바울을 심문하고 있다. 더둘로가 고소한 바울의 죄목은 세 가지였다. 그것은 무엇인가?(5-9절)

2 자기를 고소하는 말에 대해 바울은 무엇이라고 변호하였는가?(11-13, 17-20절)

3 유대 지도자들이 이단의 괴수라고 부른 예수님을 믿는 것이 유대교의 입장에서 절대로 이단이 될 수 없다고 바울은 주장했다. 왜 그런가?(14-16절)

156

4 바울은 자기의 문제가 유대인을 선동했거나 성전을 더럽힌 것에 있지 않다고 반박했다. 그렇다면 그가 문제 삼기를 원했던 것은 무엇인가?(21절)

5 왜 바울은 예수님의 부활 문제를 재판정에서 거론하기를 원했을까? 예수님의 부활이 쟁점 사항이 되면 바울에게 유리한 점은 무엇이었을까? 당신의 생각을 말해 보라.

6 벨릭스가 바울에게 호의를 베풀었다. 그 내용이 무엇인가?(23절)

7 비교적 바울이 자유스러운 분위기에서 감옥생활을 할 수 있었던 것은 전적으로 주님의 은혜였다고 할 수 있다. 주님이 총독의 마음을 움직여 자기의 종이 감당할 수 없는 고통을 당하지 않도록 보호하신 것이다. 그리고 성경에는 기록이 없지만 자유롭게 사람을 접촉할 수 있다는 점을 이용하여 바울은 더 효과적인 전도를 하였을 것이다. 결국 모든 것이 합력하여 선을 이루시는 주님의 손길을 보게 된다. 우리는 실패나 고통 중에서 세밀하게 돌보시는 주님의 손길을 의심할 때가 많다. 이 점에 대해 당신은 얼마나 확신을 가지고 있는가? 그리고 실제로 바울처럼 그 손길을 체험한 일이 있는가?

8 총독은 바울을 불러 그리스도 예수 믿는 도를 듣게 된다. 바울이 들려준 메시지의 내용은 무엇인가? 그리고 총독은 어떤 반응을 보였으며 그 이유가 어디에 있다고 생각하는가?(25절)

9 권세가 당당한 사람에게 신앙에 관한 이야기를 하게 되면 일반적으로 어떤 내용을 말하기가 쉬운가? 이런 점에서 바울은 사람을 두려워하지 않고 말하는 주의 종임을 알 수 있다. 왜 그런가?

삶의 열매를 거두며

총독 벨릭스는 하나님에 대한 관심을 가지고 있는 척하면서 실제로는 자기를 하나님 자리에 앉혀 놓고 있는, 현대인을 상징하는 전형적인 인물이라 할 수 있다. 24-27절을 다시 읽으면서 그가 보여 준 인간적이고 세상적인 속성 몇 가지를 말해 보라. 그리고 우리에게는 이러한 벨릭스의 속성이 남아 있지 않은지 반성해 보자.

Lesson 54

가이사에게 상소하다

사도행전 25:1-27

¹ 베스도가 부임한 지 삼 일 후에 가이사랴에서 예루살렘으로 올라가니 ² 대제사장들과 유대인 중 높은 사람들이 바울을 고소할새 ³ 베스도의 호의로 바울을 예루살렘으로 옮기기를 청하니 이는 길에 매복하였다가 그를 죽이고자 함이더라 ⁴ 베스도가 대답하여 바울이 가이사랴에 구류된 것과 자기도 멀지 않아 떠나갈 것을 말하고 ⁵ 또 이르되 너희 중 유력한 자들은 나와 함께 내려가서 그 사람에게 만일 옳지 아니한 일이 있거든 고발하라 하니라 ⁶ 베스도가 그들 가운데서 팔 일 혹은 십 일을 지낸 후 가이사랴로 내려가서 이튿날 재판 자리에 앉고 바울을 데려오라 명하니 ⁷ 그가 나오매 예루살렘에서 내려온 유대인들이 둘러서서 여러 가지 중대한 사건으로 고발하되 능히 증거를 대지 못한지라 ⁸ 바울이 변명하여 이르되 유대인의 율법이나 성전이나 가이사에게나 내가 도무지 죄를 범하지 아니하였노라 하니 ⁹ 베스도가 유대인의 마음을 얻고자 하여 바울더러 묻되 네가 예루살렘에 올라가서 이 사건에 대하여 내 앞에서 심문을 받으려느냐 ¹⁰ 바울이 이르되 내가 가이사의 재판 자리 앞에 섰으니 마땅히 거기서 심문을 받을 것이라 당신도 잘 아시는 바와 같이 내가 유대인들에게 불의를 행한 일이 없나이다 ¹¹ 만일 내가 불의를 행하여 무슨 죽을 죄를 지었으면 죽기를 사양하지 아니할 것이나 만일 이 사람들이 나를 고발하는 것이 다 사실이 아니면 아무도 나를 그들에게 내줄 수 없나이다 내가 가이사께 상소하노라 한대 ¹² 베스도가

배석자들과 상의하고 이르되 네가 가이사에게 상소하였으니 가이사에게 갈 것이라 하니라 13 수일 후에 아그립바 왕과 버니게가 베스도에게 문안하러 가이사랴에 와서 14 여러 날을 있더니 베스도가 바울의 일로 왕에게 고하여 이르되 벨릭스가 한 사람을 구류하여 두었는데 15 내가 예루살렘에 있을 때에 유대인의 대제사장들과 장로들이 그를 고소하여 정죄하기를 청하기에 16 내가 대답하되 무릇 피고가 원고들 앞에서 고소 사건에 대하여 변명할 기회가 있기 전에 내주는 것은 로마 사람의 법이 아니라 하였노라 17 그러므로 그들이 나와 함께 여기 오매 내가 지체하지 아니하고 이튿날 재판 자리에 앉아 명하여 그 사람을 데려왔으나 18 원고들이 서서 내가 짐작하던 것 같은 악행의 혐의는 하나도 제시하지 아니하고 19 오직 자기들의 종교와 또는 예수라 하는 이가 죽은 것을 살아 있다고 바울이 주장하는 그 일에 관한 문제로 고발하는 것뿐이라 20 내가 이 일에 대하여 어떻게 심리할는지 몰라서 바울에게 묻되 예루살렘에 올라가서 이 일에 심문을 받으려느냐 한즉 21 바울은 황제의 판결을 받도록 자기를 지켜 주기를 호소하므로 내가 그를 가이사에게 보내기까지 지켜 두라 명하였노라 하니 22 아그립바가 베스도에게 이르되 나도 이 사람의 말을 듣고자 하노라 베스도가 이르되 내일 들으시리이다 하더라 23 이튿날 아그립바와 버니게가 크게 위엄을 갖추고 와서 천부장들과 시중의 높은 사람들과 함께 접견 장소에 들어오고 베스도의 명으로 바울을 데려오니 24 베스도가 말하되 아그립바 왕과 여기 같이 있는 여러분이여 당신들이 보는 이 사람은 유대의 모든 무리가 크게 외치되 살려 두지 못할 사람이라고 하여 예루살렘에서와 여기서도 내게 청원하였으나 25 내가 살피건대 죽일 죄를 범한 일이 없더이다 그러나 그가 상소한 고로 보내기로 결정하였나이다 26 그에 대하여 황제께 확실한 사실을 아뢸 것이 없으므로 심문한 후 상소할 자료가 있을까 하여 당신들 앞 특히 아그립바 왕 당신 앞에 그를 내세웠나이다 27 그 죄목도 밝히지 아니하고 죄수를 보내는 것이 무리한 일인 줄 아나이다 하였더라

마음의 문을 열며

총독이 바뀌자 미결로 남겨 두었던 고소 건들이 후임자에게 인계되었다. 바울의 소송 문제도 자연히 신임 총독의 손으로 넘어갔된다. 바울은 여러 번 재판정으로 끌려나가 자기를 변호해야 하는 어려움을 겪어야 했다. 참으로 십자가의 길이 아닐 수 없다. 그러나 신임 총독 베스도의 재판을 통해서도 주님의 놀라운 뜻이 이루어지고 있는 것을 볼 수 있다. 재판장도, 재판 과정도 모두가 주님의 손 안에 있었던 것이다.

1 베스도는 부임하자마자 2년 동안 뚜렷한 혐의가 없이 구금되어 있던 바울에 대해 관심을 가진다. 그가 예루살렘으로 올라갔을 때 무슨 제의를 받았는가?(1-3, 15-16절)

_____

_____

2 베스도가 연 첫 공판은 어떻게 열렸는가?(4-7절)

_____

3 베스도가 두 번째로 재판을 열었을 때는 그 목적이 어디에 있었는가?(23, 26-27절)

_____

_____

4 주님은 베스도를 사용하여 자신의 종 바울의 생명을 지키신다. 무엇을 보고 알 수 있는가?(4-5, 20-21절)

_____

_____

5 당신은 법정에 서 본 일이 있는가? 아니면 어떤 중요한 문제로 관공서 같은 데서 힘을 가진 사람과 대면하여 씨름해 본 일이 있는가? 물론 그들은 법을 가지고 문제를 다루는 사람들이다. 경우에 따라서는 믿는 우리가 매우 불리한 입장에 처할 때도 있다. 그러나 어떤 형편에서든지 공직자들의 마음을 하나님이 쥐고 계신다. 그리고 그들이 우리를 해치지 못하도록 간섭하신다. 이 사실을 당신도 믿는가? 솔직하게 이야기해 보라.

6 바울이 총독에게 무엇을 요청하였는가?(9-12, 20-21절)

7 바울은 자기의 처지가 운신의 폭이 거의 없는 막다른 골목에 이르렀다는 것을 잘 파악하고 있었던 것 같다. 아무리 죄가 없다 해도 당장 석방될 가능성은 희박했다. 총독이 유대인의 환심을 사기 위해 자기를 놓고 저울질을 하고 있었기 때문이다. 남은 길은 예루살렘으로 가서 종교재판을 받든지, 아니면 로마로 가서 황제의 재판을 받든지 둘 중 하나다. 결국 그는 황제의 재판을 받는 쪽을 선택하였다. 황제에게 호소한다 해서 일이 잘 풀릴 것이라는 보장이 있는 것도 아니었다. 바울이 이와 같

은 결정을 하게 된 중요한 동기가 무엇인지 말해 보라(참고 / 행 23:11; 롬 1:15, 15:22-24).

_____

_____

_____

_____

8 로마행을 택한 바울의 단호한 태도를 보면서 우리가 배워야 할 교훈이 있다면 무엇일까?(참고 / 행 20:24)

_____

_____

_____

9 우리는 바울을 다루시는 주님의 심정을 이해하기가 얼마나 어려운지를 솔직히 고백하지 않을 수 없다. 왜 그를 죄수의 몸으로 로마에 가게 하시는 것일까? 왜 쇠고랑을 차고 황제 앞에 서게 하시는 것일까? 베드로가 예루살렘으로 가려고 하는 예수님을 붙들고 말렸듯이 우리 역시 바울을 그런 식으로 로마에 보내시면 안 된다고 항의라도 할 것 같은 심정이다. 이 점에 대해 당신의 생각을 말해 보라(참고 / 행 27:24).

_____

_____

_____

_____

10 하나님이 우리를 다루시는 경우에도 종종 납득하기 어려운 일이 있다. 왜 이러실까 하고 항의하고 싶을 정도로 통 마음에 내키지 않는 길로 몰아넣으실 때가 있기 때문이다. 당신에게 이런 답답한 체험이 있었는가? 그때 당신은 어떤 식으로 반응하였는가?(참고 / 사 55:8-9; 고전 3:18-19)

삶의 열매를 거두며

한 생을 살면서 주님이 어떤 길로 인도하시든지 따를 준비가 되어 있는가? 당신의 심정을 솔직하게 고백해 보라.

Lesson **55**

결박된 것 외에는

사도행전 26:1-32

¹ 아그립바가 바울에게 이르되 너를 위하여 말하기를 네게 허락하노라 하니 이에 바울이 손을 들어 변명하되 ² 아그립바 왕이여 유대인이 고발하는 모든 일을 오늘 당신 앞에서 변명하게 된 것을 다행히 여기나이다 ³ 특히 당신이 유대인의 모든 풍속과 문제를 아심이니이다 그러므로 내 말을 너그러이 들으시기를 바라나이다 ⁴ 내가 처음부터 내 민족과 더불어 예루살렘에서 젊었을 때 생활한 상황을 유대인이 다 아는 바라 ⁵ 일찍부터 나를 알았으니 그들이 증언하려 하면 내가 우리 종교의 가장 엄한 파를 따라 바리새인의 생활을 하였다고 할 것이라 ⁶ 이제도 여기 서서 심문 받는 것은 하나님이 우리 조상에게 약속하신 것을 바라는 까닭이니 ⁷ 이 약속은 우리 열두 지파가 밤낮으로 간절히 하나님을 받들어 섬김으로 얻기를 바라는 바인데 아그립바 왕이여 이 소망으로 말미암아 내가 유대인들에게 고소를 당하는 것이니이다 ⁸ 당신들은 하나님이 죽은 사람을 살리심을 어찌하여 못 믿을 것으로 여기나이까 ⁹ 나도 나사렛 예수의 이름을 대적하여 많은 일을 행하여야 될 줄 스스로 생각하고 ¹⁰ 예루살렘에서 이런 일을 행하여 대제사장들에게서 권한을 받아 가지고 많은 성도를 옥에 가두며 또 죽일 때에 내가 찬성 투표를 하였고 ¹¹ 또 모든 회당에서 여러 번 형벌하여 강제로 모독하는 말을 하게 하고 그들에 대하여 심히 격분하여 외국 성에까지 가서 박해하였고 ¹² 그 일로 대제사장들의 권한과 위임을 받고 다메섹으로 갔

나이다 13 왕이여 정오가 되어 길에서 보니 하늘로부터 해보다 더 밝은 빛이 나와 내 동행들을 둘러 비추는지라 14 우리가 다 땅에 엎드러지매 내가 소리를 들으니 히브리 말로 이르되 사울아 사울아 네가 어찌하여 나를 박해하느냐 가시채를 뒷발질하기가 네게 고생이니라 15 내가 대답하되 주님 누구시니이까 주께서 이르시되 나는 네가 박해하는 예수라 16 일어나 너의 발로 서라 내가 네게 나타난 것은 곧 네가 나를 본 일과 장차 내가 네게 나타날 일에 너로 종과 증인을 삼으려 함이니 17 이스라엘과 이방인들에게서 내가 너를 구원하여 그들에게 보내어 18 그 눈을 뜨게 하여 어둠에서 빛으로, 사탄의 권세에서 하나님께로 돌아오게 하고 죄 사함과 나를 믿어 거룩하게 된 무리 가운데서 기업을 얻게 하리라 하더이다 19 아그립바 왕이여 그러므로 하늘에서 보이신 것을 내가 거스르지 아니하고 20 먼저 다메섹과 예루살렘에 있는 사람과 유대 온 땅과 이방인에게까지 회개하고 하나님께로 돌아와서 회개에 합당한 일을 하라 전하므로 21 유대인들이 성전에서 나를 잡아 죽이고자 하였으나 22 하나님의 도우심을 받아 내가 오늘까지 서서 높고 낮은 사람 앞에서 증언하는 것은 선지자들과 모세가 반드시 되리라고 말한 것밖에 없으니 23 곧 그리스도가 고난을 받으실 것과 죽은 자 가운데서 먼저 다시 살아나사 이스라엘과 이방인들에게 빛을 전하시리라 함이니이다 하니라 24 바울이 이같이 변명하매 베스도가 크게 소리 내어 이르되 바울아 네가 미쳤도다 네 많은 학문이 너를 미치게 한다 하니 25 바울이 이르되 베스도 각하여 내가 미친 것이 아니요 참되고 온전한 말을 하나이다 26 왕께서는 이 일을 아시기로 내가 왕께 담대히 말하노니 이 일에 하나라도 아시지 못함이 없는 줄 믿나이다 이 일은 한쪽 구석에서 행한 것이 아니니이다 27 아그립바 왕이여 선지자를 믿으시나이까 믿으시는 줄 아나이다 28 아그립바가 바울에게 이르되 네가 적은 말로 나를 권하여 그리스도인이 되게 하려 하는도다 29 바울이 이르되 말이 적으나 많으나 당신뿐만 아니라 오늘 내 말을 듣는 모든 사람도 다 이렇게 결박된 것 외에는 나와 같이 되기를 하나님께 원하나이다 하니라 30 왕과 총독과 버니게와 그 함께 앉은 사람들이 다 일어나서 31 물러가 서로 말하되 이 사람은 사형이나 결박을 당할 만한 행위가 없다 하더라 32 이에 아그립바가 베스도에게 이르되 이 사람이 만일 가이사에게 상소하지 아니하였더라면 석방될 수 있을 뻔하였다 하니라

마음의 문을 열며

베스도 총독이 부임한 이래 두 번째 공판이 열렸다. 첫 번째 공판에서 유대교 지도자들을 상대했던 바울이 이번에는 로마 정부의 고관들을 즐비하게 앉혀 놓고 자신을 변호할 수 있는 기회를 갖게 된다. 주님께서 왜 이런 자리를 만들어서 바울을 세우셨을까? 매우 흥미로운 사실이 아닐 수 없다. 이제 우리는 바울이 전한 복음 가운데서 가장 박력 있고 장엄한 메시지 중 하나라고 할 수 있는 내용을 접하게 된다.

말씀의 씨를 뿌리며

1 두 번째 열린 재판정의 주빈은 아그립바 왕과 버니게였다. 아그립바 왕은 헤롯 대왕의 증손자로 그의 부친의 호칭을 따라 아그립바 2세라고 부른다. 그의 부친은 사도 야고보를 처형하고 베드로를 투옥시켜 유대인의 환심을 사려 했던 통치자로 유명하다. 나중에는 자기를 신으로 추겨 세우다가 급사하고 말았다(행 12:1-2, 20-23). 아그립바 2세가 아버지를 이어서 왕이 되었을 때는 17세의 약관에 지나지 않았다. 버니게는 아그립바 2세의 누나로서 여러 번 결혼에 실패하고 아직 미혼이었던 동생과 함께 살고 있었다. 항간에는 둘 사이가 이상하다는 소문이 끊이지 않았다. 버니게는 공개석상에서 자기가 왕비가 된 것처럼 행세까지 했다고 한다. 주님은 이 두 사람과 베스도에게 예수 그리스도를 전하기 위해 바울을 죄수의 몸으로 그들 앞에 세우셨다. 바울은 자기가 신문을 받는 이유가 어디에 있다고 보았는가?(6-7절)

2 바울이 말하는 소망이 무엇인지 말하라(8, 22-23절).

3 아그립바 왕과 베스도 앞에서 바울은 자기가 예수를 만났던 사건을 또한 번 간증하고 있다. 이번에는 이전 간증 때에 말하지 않았던 내용을 첨가하고 있다. 16-18절을 가지고 검토해 보자.

4 당신은 자기 자신을 어두움과 사망의 권세에서 하나님께로 돌아온 사람으로 보는가? 무엇으로 그 사실을 증명할 수 있는가?

5 바울은 주의 명령을 어떻게 순종하였는가?(19-20절)

6 베스도가 바울을 향해 무엇이라고 소리쳤는가? 그리고 바울은 어떻게 대답했는가?(24-27절)

7 법정에서 미쳤다는 소리를 들어도 전혀 움츠러들지 않고 당당하게 맞서서 복음을 전하는 바울을 놓고, 우리가 배워야 할 교훈이 무엇이라고 생각하는가?

8 당당하게 변호하는 바울을 향해 왕은 무엇이라고 했는가?(28절)

9 아그립바 왕의 말에서 우리는 바울을 깔보고 야유하는 듯한 감정이 실려 있음을 느끼게 된다. 때로는 우리도 예수님 때문에 이와 비슷한 야유를 받기도 한다. 하지만 이에 대한 바울의 답변은 읽을 때마다 우리의 가슴을 뛰게 만든다. 29절을 다시 한 번 써보라. 그리고 외우면서 받은 은혜를 말해 보라.

왕과 총독을 바울과 나란히 세워 놓고 비교해 보라. 누가 진짜 승자인가? 누가 진짜 인생을 바로 사는 자인가? 만일 당신에게 양자 중 한 쪽을 선택할 수 있는 기회가 주어진다면 어느 쪽을 택하겠는가? 왕인가? 바울인가? 솔직하게 대답해 보라.

드디어 로마로 출발하다

사도행전 27:1-26

¹ 우리가 배를 타고 이달리야에 가기로 작정되매 바울과 다른 죄수 몇 사람을 아구스도대의 백부장 율리오란 사람에게 맡기니 ² 아시아 해변 각처로 가려 하는 아드라뭇데노 배에 우리가 올라 항해할새 마게도냐의 데살로니가 사람 아리스다고도 함께 하니라 ³ 이튿날 시돈에 대니 율리오가 바울을 친절히 대하여 친구들에게 가서 대접 받기를 허락하더니 ⁴ 또 거기서 우리가 떠나가다가 맞바람을 피하여 구브로 해안을 의지하고 항해하여 ⁵ 길리기아와 밤빌리아 바다를 건너 루기아의 무라 시에 이르러 ⁶ 거기서 백부장이 이달리야로 가려 하는 알렉산드리아 배를 만나 우리를 오르게 하니 ⁷ 배가 더디 가 여러 날 만에 간신히 니도 맞은편에 이르러 풍세가 더 허락하지 아니하므로 살모네 앞을 지나 그레데 해안을 바람막이로 항해하여 ⁸ 간신히 그 연안을 지나 미항이라는 곳에 이르니 라새아 시에서 가깝더라 ⁹ 여러 날이 걸려 금식하는 절기가 이미 지났으므로 항해하기가 위태한지라 바울이 그들을 권하여 ¹⁰ 말하되 여러분이여 내가 보니 이번 항해가 하물과 배만 아니라 우리 생명에도 타격과 많은 손해를 끼치리라 하되 ¹¹ 백부장이 선장과 선주의 말을 바울의 말보다 더 믿더라 ¹² 그 항구가 겨울을 지내기에 불편하므로 거기서 떠나 아무쪼록 뵈닉스에 가서 겨울을 지내자 하는 자가 더 많으니 뵈닉스는 그레데 항구라 한쪽은 서남을, 한쪽은 서북을 향하였더라 ¹³ 남풍이 순하게 불매 그들이 뜻을 이룬 줄 알고 닻을 감아 그레데 해변

을 끼고 항해하더니 ¹⁴ 얼마 안 되어 섬 가운데로부터 유라굴로라는 광풍이 크게 일어나니 ¹⁵ 배가 밀려 바람을 맞추어 갈 수 없어 가는 대로 두고 쫓겨가다가 ¹⁶ 가우다라는 작은 섬 아래로 지나 간신히 거루를 잡아 ¹⁷ 끌어 올리고 줄을 가지고 선체를 둘러 감고 스르디스에 걸릴까 두려워하여 연장을 내리고 그냥 쫓겨가더니 ¹⁸ 우리가 풍랑으로 심히 애쓰다가 이튿날 사공들이 짐을 바다에 풀어 버리고 ¹⁹ 사흘째 되는 날에 배의 기구를 그들의 손으로 내버리니라 ²⁰ 여러 날 동안 해도 별도 보이지 아니하고 큰 풍랑이 그대로 있으매 구원의 여망마저 없어졌더라 ²¹ 여러 사람이 오래 먹지 못하였으매 바울이 가운데 서서 말하되 여러분이여 내 말을 듣고 그레데에서 떠나지 아니하여 이 타격과 손상을 면하였더라면 좋을 뻔하였느니라 ²² 내가 너희를 권하노니 이제는 안심하라 너희 중 아무도 생명에는 아무런 손상이 없겠고 오직 배뿐이리라 ²³ 내가 속한 바 곧 내가 섬기는 하나님의 사자가 어제 밤에 내 곁에 서서 말하되 ²⁴ 바울아 두려워하지 말라 네가 가이사 앞에 서야 하겠고 또 하나님께서 너와 함께 항해하는 자를 다 네게 주셨다 하였으니 ²⁵ 그러므로 여러분이여 안심하라 나는 내게 말씀하신 그대로 되리라고 하나님을 믿노라 ²⁶ 그런즉 우리가 반드시 한 섬에 걸리리라 하더라

 마음의 문을 열며

2년이 넘도록 기다리던 바울과 그 일행은 드디어 로마로 향하는 배에 오르게 되었다. 그동안 그가 겪은 고난은 돌이켜보면 결코 가벼운 것이 아니었다. 하지만 주님이 보시기에는 이러한 과정이 필요했던 것이 틀림없다. 세계 최대의 국제도시였던 로마에 자신의 종을 들여보내면서 어찌 가볍게 다루실 수 있었겠는가? 이 시간에는 바울이 로마에 도착하기 전 넘어야 했던 또 하나의 시련에 대해 배우고자 한다. 이는 생사의 갈림길에서 맞서야 하는 혹독한 시험이었다.

1 바울과 그 일행이 1차로 배를 타고 이동한 여정을 확인해 보라(1-8절).

2 바울이 죄수의 몸이 되어 로마로 출발할 때 그를 수행했던 '우리' 가 누구누구인지 다 알 수는 없다. 그러나 믿음의 스승을 따라 생명을 걸고 따라갔던 충성스러운 제자들 가운데 몇 사람에 대해서는 알 수가 있다. 골로새서 4장 10-14절을 가지고 그들이 누구인지 찾아보라.

3 미항이라는 곳에 정박하여 며칠을 보내면서 항해를 더 계속할 것인지를 놓고 선상에서 많은 의논이 있었던 것 같다. 9-10월은 지중해를 장거리로 여행하기에는 많은 위험이 따르는 시기로, 배가 다니긴 해도 바람이 심해 사고가 많이 일어났기 때문이었다. 그리고 11월에 들어서면 2월까지 겨울 동안은 모든 배의 운항이 전면 중단되었다. 누가는 미항에 정박하고 있을 때 금식하는 절기가 지나갔다는 말을 하고 있다(9절). 이 금식일은 유대인들이 지키는 '대 속죄일' 을 말한다(참고 / 레 23:27, 16

179

장). 바울이 로마로 떠나던 주후 57년의 '대 속죄일'은 양력으로 10월 5일이었다. 배로 여행하기가 매우 위험한 시기였음을 알 수 있다. 그러나 백부장과 선주는 겨울을 미항에서 보내고 싶지 않아 조금이라도 더 항해를 계속하기를 바랬던 모양이다. 그래서 분위기는 출항하는 쪽으로 기울고 있었다. 이때 바울이 어떤 충고를 하였으며 백부장은 그 충고를 어떻게 받아들였는가?(9-11절)

---

4 바울은 선장에 비해 항해의 전문가가 아니었다. 그러나 그는 풍부한 항해 경험이 있었고 영적으로 어떤 위험을 예감할 수 있는 영안을 가지고 있었다. 백부장이 바울보다 선장의 말을 더 믿은 것은 조금도 이상한 일이 아니라고 할 수 있다. 하지만 이렇게 중요한 문제를 다루는 자리에서는 바울의 말에 귀를 기울일 필요가 있었다. 왜냐하면 그는 천지의 주재이신 하나님의 종이기 때문이다. 그러나 세상에서는 기도하는 종들의 말이 단지 전문가가 아니라는 이유 때문에 얼마나 자주 무시당하고 있는지 모른다. 당신이 만일 백부장의 처지에 있었다면 바울과 선장 중 누구의 말을 들었을 것 같은가?

---

5 순풍이 불자 배에 있던 사람들이 의기양양했다. '그들이 뜻을 이룬 줄 알고'라는 말을 보면 배 위에서 보이지 않는 영적 대결이 벌어지고 있었음을 알 수 있다. 어떤 대결이었을까?(13절)

6 그러나 잠시 후 어떤 일이 일어났는가?(14-20절)

7 분위기는 바울을 영웅으로 만들어 놓았다. 이제는 바울이 그 배의 백부장이요 선장이 된 셈이다. 그의 말 한마디는 바로 하나님의 말씀으로 통하게 되었다. 이때 바울이 한 첫 마디가 무엇인가?(21절)

8 사경을 헤매고 있는 사람들 틈에서 바울은 위대한 예언자가 되어 주님의 손에 쓰임 받고 있음을 알 수 있다. 그는 적어도 4가지 사실을 미리 예언하고 있다. 그것은 무엇인가?(22-26절)

9 죽음을 목전에 앞두고 고생하는 바울을 찾아오셔서 위로하시고 소망을
주신 주님에 대해 어떻게 생각하는가?

 삶의 열매를 거두며

풍랑 속에서 바울을 만나 주신 주님이 지금도 살아계시고 우리와 동행하고 계신다.
이사야 43장 1-2절을 펴놓고 이 사실을 다시 한 번 확인하고 강한 믿음을 갖도록
하자.

네가 가이사 앞에 서리라

사도행전 27:27-44

27 열나흘째 되는 날 밤에 우리가 아드리아 바다에서 이리 저리 쫓겨가다가 자정쯤 되어 사공들이 어느 육지에 가까워지는 줄을 짐작하고 28 물을 재어 보니 스무 길이 되고 조금 가다가 다시 재니 열다섯 길이라 29 암초에 걸릴까 하여 고물로 닻 넷을 내리고 날이 새기를 고대하니라 30 사공들이 도망하고자 하여 이물에서 닻을 내리는 체하고 거룻배를 바다에 내려 놓거늘 31 바울이 백부장과 군인들에게 이르되 이 사람들이 배에 있지 아니하면 너희가 구원을 얻지 못하리라 하니 32 이에 군인들이 거룻줄을 끊어 떼어 버리니라 33 날이 새어 가매 바울이 여러 사람에게 음식 먹기를 권하여 이르되 너희가 기다리고 기다리며 먹지 못하고 주린 지가 오늘까지 열나흘인즉 34 음식 먹기를 권하노니 이것이 너희의 구원을 위하는 것이요 너희 중 머리카락 하나도 잃을 자가 없으리라 하고 35 떡을 가져다가 모든 사람 앞에서 하나님께 축사하고 떼어 먹기를 시작하매 36 그들도 다 안심하고 받아 먹으니 37 배에 있는 우리의 수는 전부 이백칠십육 명이더라 38 배부르게 먹고 밀을 바다에 버려 배를 가볍게 하였더니 39 날이 새매 어느 땅인지 알지 못하나 경사진 해안으로 된 항만이 눈에 띄거늘 배를 거기에 들여다 댈 수 있는가 의논한 후 40 닻을 끊어 바다에 버리는 동시에 키를 풀어 늦추고 돛을 달고 바람에 맞추어 해안을 향하여 들어가다가 41 두 물이 합하여 흐르는 곳을 만나 배를 걸매 이물은 부딪쳐 움직일 수 없이 붙고 고물은 큰 물

결에 깨어져 가니 ⁴² 군인들은 죄수가 헤엄쳐서 도망할까 하여 그들을 죽이는 것이 좋다 하였으나 ⁴³ 백부장이 바울을 구원하려 하여 그들의 뜻을 막고 헤엄칠 줄 아는 사람들을 명하여 물에 뛰어내려 먼저 육지에 나가게 하고 ⁴⁴ 그 남은 사람들은 널조각 혹은 배 물건에 의지하여 나가게 하니 마침내 사람들이 다 상륙하여 구조되니라

 ## 마음의 문을 열며

로마를 향해 출발한 바울 일행이 겪은 조난 사고는 그 유례를 찾기 어려울 정도로 대단한 것이었다. 살 소망이 완전히 사라져 버린 것처럼 보이는 위기였다. 가냘픈 잎사귀처럼 바람 부는 대로 파도가 치는 대로 이리저리 떠밀려 다니던 배 위에서 우리는 천지의 창조자 되신 예수 그리스도의 영광스러운 모습을 보게 된다. 그리고 그의 힘 있는 오른손에 꽉 잡혀 있는 바울의 늠름한 모습을 보게 된다. 바울은 갔지만 그를 보호하시던 주님은 오늘도 살아 계시지 않는가?

1 조난을 당한 지 14일이 되던 날 무슨 일이 있었는가?(27-29절)

2 사공들은 자기들만 살기 위해 도망치려고 했다. 그들은 바울이 한 말을 믿지 않고 있었던 것이 틀림없다. 하나님의 말씀을 우습게 여기는 사람들은 사공들처럼 죽는 길을 사는 길처럼 착각하고 덤비게 된다. 우리도 가끔 이러한 어리석음을 범하지 않는가? 당신의 이야기를 해보라(30-32절, 참고 / 22절).

3 날이 새는 새벽녘에 바울은 배에 있는 자들을 어떻게 격려하였는가?(33-37절)

4 예수 믿는 사람이 세상 사람들과 비교해 무엇이 다른지는 위기의 순간에 증명이 된다. 평안할 때는 백부장과 선장이 큰소리쳤으나 위기 중에는 바울이 지도자가 되었다. 조난당한 배 위에서 사람들을 격려하고 힘을 갖게 하는 바울의 모습을 그려 보라. 당신은 인생의 풍랑을 만났을 때 어떻게 행동했는가? 그리고 왜 우리는 바울처럼 행동해야 한다고 생각하는가?

_____

_____

_____

5 모든 일을 합력하여 선을 이루게 하시는 하나님을 우리는 다시 한 번 보게 된다. 풍랑을 통해 바울은 어떤 은혜를 받았다고 보는가?

_____

_____

_____

6 함께 배를 탄 276명의 영혼들을 주님은 사랑하셨다. 성경에 기록되지는 않았지만 그들 중 상당수가 구원받았을지도 모르고, 백부장 같은 사람은 후에 로마에서 바울에게 큰 힘이 되었을 것이다. 바울을 통해 그들에게 복음을 전하게 하려고 풍랑을 만나게 하셨다면 너무 지나친 말인가? 이 점에 대해 당신의 생각을 말해 보라.

_____

_____

7 우리가 능력 있는 복음의 증인이 되기 위해서는 풍랑을 모르는 만사형통만으로는 안 된다. "예수 믿으면 이렇게 복을 누리게 돼요"라는 메시지는 큰 힘이 없다. 가끔은 모진 인생의 시련을 겪은 가운데서도 무엇인가 다른 점을 보여 줄 수 있어야 한다. 당신의 고통을 통해 복음을 효과적으로 전한 일이 있다면 말해 보라.

8 바울의 예언대로 모든 일이 어떻게 진행되었는가?(38-44절, 참고 / 22-26절)

9 우리는 바울을 통해서 놀라운 진리를 하나 배우게 된다. 예수의 종 된 자들은 자신에게 주어진 일을 마치기 전에는 절대로 죽지 않는다는 사실이다. 24절을 가지고 이 사실을 설명하라.

삶의 열매를 거두며

당신에게도 사역을 마무리 짓기 전에는 주님이 데려가시지 않는다는 진리가 그대로 적용될 수 있다고 생각하는가? 그리고 이 정도의 확신을 가져도 좋을 만한 소명감이 당신에게 있는가?

Lesson **58**

이런 표적이 따르리라

사도행전 28:1-15

¹ 우리가 구조된 후에 안즉 그 섬은 멜리데라 하더라 ² 비가 오고 날이 차매 원주민들이 우리에게 특별한 동정을 하여 불을 피워 우리를 다 영접하더라 ³ 바울이 나무 한 묶음을 거두어 불에 넣으니 뜨거움으로 말미암아 독사가 나와 그 손을 물고 있는지라 ⁴ 원주민들이 이 짐승이 그 손에 매달려 있음을 보고 서로 말하되 진실로 이 사람은 살인한 자로다 바다에서는 구조를 받았으나 공의가 그를 살지 못하게 함이로다 하더니 ⁵ 바울이 그 짐승을 불에 떨어 버리매 조금도 상함이 없더라 ⁶ 그들은 그가 붓든지 혹은 갑자기 쓰러져 죽을 줄로 기다렸다가 오래 기다려도 그에게 아무 이상이 없음을 보고 돌이켜 생각하여 말하되 그를 신이라 하더라 ⁷ 이 섬에서 가장 높은 사람 보블리오라 하는 이가 그 근처에 토지가 있는지라 그가 우리를 영접하여 사흘이나 친절히 머물게 하더니 ⁸ 보블리오의 부친이 열병과 이질에 걸려 누워 있거늘 바울이 들어가서 기도하고 그에게 안수하여 낫게 하매 ⁹ 이러므로 섬 가운데 다른 병든 사람들이 와서 고침을 받고 ¹⁰ 후한 예로 우리를 대접하고 떠날 때에 우리 쓸 것을 배에 실었더라 ¹¹ 석 달 후에 우리가 그 섬에서 겨울을 난 알렉산드리아 배를 타고 떠나니 그 배의 머리 장식은 디오스구로라 ¹² 수라구사에 대고 사흘을 있다가 ¹³ 거기서 둘러가서 레기온에 이르러 하루를 지낸 후 남풍이 일어나므로 이튿날 보디올에 이르러 ¹⁴ 거기서 형제들을 만나 그들의 청함을 받아 이레를 함께 머무니라

그래서 우리는 이와 같이 로마로 가니라 [15] 그 곳 형제들이 우리 소식을 듣고 압비오 광장과 트레이스 타베르네까지 맞으러 오니 바울이 그들을 보고 하나님께 감사하고 담대한 마음을 얻으니라

 마음의 문을 열며

바울과 그 일행이 구사일생으로 살아서 상륙한 섬은 멜리데였다. 주님은 그곳에서도 바울이 복음을 전할 수 있도록 하셨다. 바울은 이적과 기사를 통해 예수 그리스도만 이 참 신이요 구원자임을 증거할 수 있었다. 온전히 헌신한 주의 종이 가는 곳에는 어디서나 복음의 능력이 따르기 마련이다.

1 지도를 펴놓고 멜리데를 찾아보라. 바울이 이미 이탈리아 반도의 턱 밑에까지 와 있는 것을 알게 될 것이다. 놀라운 일이 아닐 수 없다. 우리는 역경을 만나면 만사가 뒤로 후퇴한다고 생각하는데 주님은 그 반대로 일하시고 계신다. 어느 찬송가 가사처럼 말이다. '이 풍랑 인하여서 더 빨리 갑니다.' 지도를 보면서 이 은혜를 이야기해 보라.(1절)

2 바울이 모닥불을 쬐다가 어떤 일을 당했는가?(2-6절)

3 바울이 독사한테 물렸으나 무사했던 일은 이미 주님이 복음을 전할 자기 종들에게 약속하신 대로 된 것에 지나지 않았다. 마가복음 16장 15-18절을 읽고 이 사실을 확인해 보라.

4 복음을 전하기 위해 택하신 자기 종을 풍랑에서 건지신 주님은 또다시 그를 독사에게서 구원하셨다. 주님이 그 생명을 이렇게 책임지는 사람이라면 얼마나 든든할까? 그런데 이는 바울에게만 해당되는 것이 아니다. 주님과 그의 복음을 최우선에 두고 사는 사람이면 누구나 똑같은 은혜를 기대할 수가 있다. 당신은 주님이 어디서나 당신의 생명을 책임져 주실 것이라는 확신이 흔들리지 않을 만큼 주를 위해 살고 있는가?

----

5 보블리오 집에서 바울은 무슨 일을 하였는가?(7-10절)

----

6 석 달 후 봄이 돌아오자 바울은 드디어 로마를 향해 길을 떠났다. 도중에 바울은 어떻게 담대함을 가지게 되었는가?(11-15절)

----

7 압비오 광장은 로마에서 69km 떨어진 압비오 시의 광장을 가리킨다. 트레이스 타베르네는 압비오와 로마의 중간 지점에 위치한 휴게소였다. 로마에 있는 그리스도인들이 갖은 시련을 견디고 죄수의 몸이 되어 로마로 오고 있는 바울을 영접하고 격려하기 위해 이곳까지 달려왔던 것이다. 쇠사슬을 찬 바울을 부끄러워하지 않고 하룻길을 달려와서 그

를 격려했던 초대교회 성도들의 아름다운 믿음, 담력, 사랑을 한번 생각해 보라. 당신 같으면 그렇게 할 수 있겠는가?(참고 / 딤후 1:8, 16)

8 세계 최대의 권력과 번영을 자랑하던 로마의 황제와 초라한 죄수의 신분으로 성문으로 들어서는 사도 바울을 비교해 보라. 한마디로 게임이 안 되는 상대임이 틀림없다. 그러나 역사는 무엇이라고 말하는가? 바울은 승자요 로마는 패자라고 한다. 네로는 죽었으나 바울은 살아 있다고 한다. 이 사실을 통해 당신이 배우는 진리가 무엇인가?(고전 1:21, 27-28)

9 드디어 바울의 꿈이 이루어졌다. 그의 꿈이 무엇이었는지 다시 한 번 확인해 보라.

○ 사도행전 19장 21절 /

○ 로마서 1장 14-15절 /

○ 로마서 15장 22-24절 /

삶의 열매를 거두며

바울은 땅 끝이 로마라고 생각했을 것이다. 그래서 '땅 끝까지 내 증인이 되리라'는 주님의 말씀대로 살기를 원하였기 때문에 로마에 그렇게 가기를 소원하였다. 우리도 모든 민족이 주를 알고 찬양하도록 하려면 로마의 꿈을 가슴에 담고 살아야 한다. 그리고 이 꿈을 위해서 기도하고 열심히 일하고 봉사해야 한다. 당신도 로마의 꿈을 갖고 있는지 반성해 보라.

거침없이 가르치더라

사도행전 28:16-31

16 우리가 로마에 들어가니 바울에게는 자기를 지키는 한 군인과 함께 따로 있게 허락하더라 17 사흘 후에 바울이 유대인 중 높은 사람들을 청하여 그들이 모인 후에 이르되 여러분 형제들아 내가 이스라엘 백성이나 우리 조상의 관습을 배척한 일이 없는데 예루살렘에서 로마인의 손에 죄수로 내준 바 되었으니 18 로마인은 나를 심문하여 죽일 죄목이 없으므로 석방하려 하였으나 19 유대인들이 반대하기로 내가 마지못하여 가이사에게 상소함이요 내 민족을 고발하려는 것이 아니니라 20 이러므로 너희를 보고 함께 이야기하려고 청하였으니 이스라엘의 소망으로 말미암아 내가 이 쇠사슬에 매인 바 되었노라 21 그들이 이르되 우리가 유대에서 네게 대한 편지도 받은 일이 없고 또 형제 중 누가 와서 네게 대하여 좋지 못한 것을 전하든지 이야기한 일도 없느니라 22 이에 우리가 너의 사상이 어떠한가 듣고자 하니 이 파에 대하여는 어디서든지 반대를 받는 줄 알기 때문이라 하더라 23 그들이 날짜를 정하고 그가 유숙하는 집에 많이 오니 바울이 아침부터 저녁까지 강론하여 하나님의 나라를 증언하고 모세의 율법과 선지자의 말을 가지고 예수에 대하여 권하더라 24 그 말을 믿는 사람도 있고 믿지 아니하는 사람도 있어 25 서로 맞지 아니하여 흩어질 때에 바울이 한 말로 이르되 성령이 선지자 이사야를 통하여 너희 조상들에게 말씀하신 것이 옳도다 26 일렀으되 이 백성에게 가서 말하기를 너희가 듣기는 들어도 도무지 깨닫지

못하며 보기는 보아도 도무지 알지 못하는도다 27 이 백성들의 마음이 우둔하여져서 그 귀로는 둔하게 듣고 그 눈은 감았으니 이는 눈으로 보고 귀로 듣고 마음으로 깨달아 돌아오면 내가 고쳐 줄까 함이라 하였으니 28 그런즉 하나님의 이 구원이 이방인에게로 보내어진 줄 알라 그들은 그것을 들으리라 하더라 29 (없음) 30 바울이 온 이태를 자기 셋집에 머물면서 자기에게 오는 사람을 다 영접하고 31 하나님의 나라를 전파하며 주 예수 그리스도에 관한 모든 것을 담대하게 거침없이 가르치더라

 마음의 문을 열며

로마에 도착한 바울은 수감된 죄수의 몸으로 황제의 재판을 기다리고 있었다. 비록 부자유스러운 처지였으나 주님은 그를 통해 놀라운 일을 시작하셨다. 밖으로 나가서 전하지 못하는 그에게 많은 사람들을 보내 주셔서 복음을 전할 수 있도록 하셨기 때문이다. 사도행전은 바울의 감옥 선교와 전도 이야기로 끝을 맺고 있다. 그러나 그 다음에 또 다른 이야기가 이어질 것 같은 여운을 남겨 놓고 있다. 사도행전은 완성된 책이 아니다. 계속 쓰여야 할 미완성품이다. 바울의 뒤를 이어 복음을 들고 세계를 향해 달려가야 할 수많은 종들의 영웅적인 이야기가 계속 이어져야 할 책이다. 주님이 오시는 그날까지.

1 로마 감옥에서 바울은 다소 특혜를 받을 수 있었던 것 같다. 그것이 무엇인가? 그리고 바울이 제일 먼저 한 일은 무엇인가?(16-17절)

2 바울은 자기가 왜 죄수의 몸으로 로마까지 오게 되었는지를 설명한다. 그 내용을 말해 보라(18-20절).

3 바울은 자기가 유대인들에게 무슨 나쁜 짓을 한 일이 없다는 사실을 먼저 변명하고 있다. 여기서 우리는 죄수의 몸으로 로마에 온 자기를 두고 유대인들이 오해를 하고 있지 않을까 우려한 바울의 심정을 읽을 수 있다. 그리고 아시아에서 자기를 핍박하던 유대인들이 로마에 사는 동족들에게 악성 루머를 퍼뜨렸을지 모르기 때문에 오해가 있다면 먼저 풀어야 한다고 생각한 것 같다. 바울의 변명에 대해 유대인들은 어떻게 대답했는가?(21-22절)

4 우리가 복음을 전할 때 우리에 대한 상대방의 선입관이 좋지 않다면 말이 먹혀들지 않는 경우가 허다하다. 당신의 과거를 너무 잘 알고 있다거나 들은 소문으로 당신을 좋지 않게 생각하고 있던 사람을 전도하려고 하였을 때 애를 먹은 일이 있는가? 있었다면 그 문제를 어떻게 풀었는가?(참고 / 마 13:53-58)

---

5 로마에 있는 유대인들은 기독교를 바울의 사상, 예수파로 불렀다. 그러나 그들은 대단한 호기심을 가지고 있었다. 어느 정도 관심을 보였는가? 그리고 이들에 대해 바울이 택한 전도방법은 무엇이었나?(22-23절)

---

6 전도를 받은 사람들의 반응은 어떠했으며 바울의 대답은 무엇이었는가?(24-28절)

---

7 믿지 않는 자들에게 바울이 이사야의 예언을 가지고 경고한 것을 보면 그들이 믿을 가능성이 거의 없었다는 사실을 알 수 있다. 바울은 그들을 포기한 것처럼 보인다. 이사야의 예언에 담겨있는 요점을 정리해 보라. 우리도 전도하면서 복음을 잘 받아들이지 않는 자들을 만나면 이 말씀을 적용할 수 있을까? 그리고 단념해도 될까? 아니라면 그 이유를 말해 보라. 특히 '이 백성', '이방인'이라고 하는 말에 주의하라(26-28절).

8 감옥에 있던 2년 동안 바울이 전념한 일이 무엇인가?(30-31절)

9 31절을 다시 보자. "담대하게 거침없이 가르치더라." 얼마나 놀라운 말씀인가? 감옥에서 이런 기적이 어떻게 가능했을까? 이것은 주님이 하신 일이었다. 하나님의 지혜와 능력이었다. 이 사실을 놓고 우리가 깨달아야 할 진리가 있다면 무엇인가?(참고 / 빌 1:12-14; 딤후 2:9)

삶의 열매를 거두며

사도행전은 "담대하게 거침없이 가르치더라" 는 말로 끝을 맺는다. 이것은 많은 것을 시사하는 말씀이라고 생각된다. 지금까지 복음을 반대하여 이긴 자가 아무도 없다. 복음은 쉬지 않고 전파되고 있다. 그러므로 사도행전은 아직 완결되지 않았다. 땅 끝까지 복음을 전하기 위해 바울의 뒤를 잇는 수많은 복음의 증인들의 이야기가 지금도 기록되고 있다. 당신은 어떤가? 당신의 이름과 이야기도 기록이 되어야 한다고 생각지 않는가? 사도행전의 남은 여백을 메워야 할 책임이 당신에게 있다고 생각지 않는가?